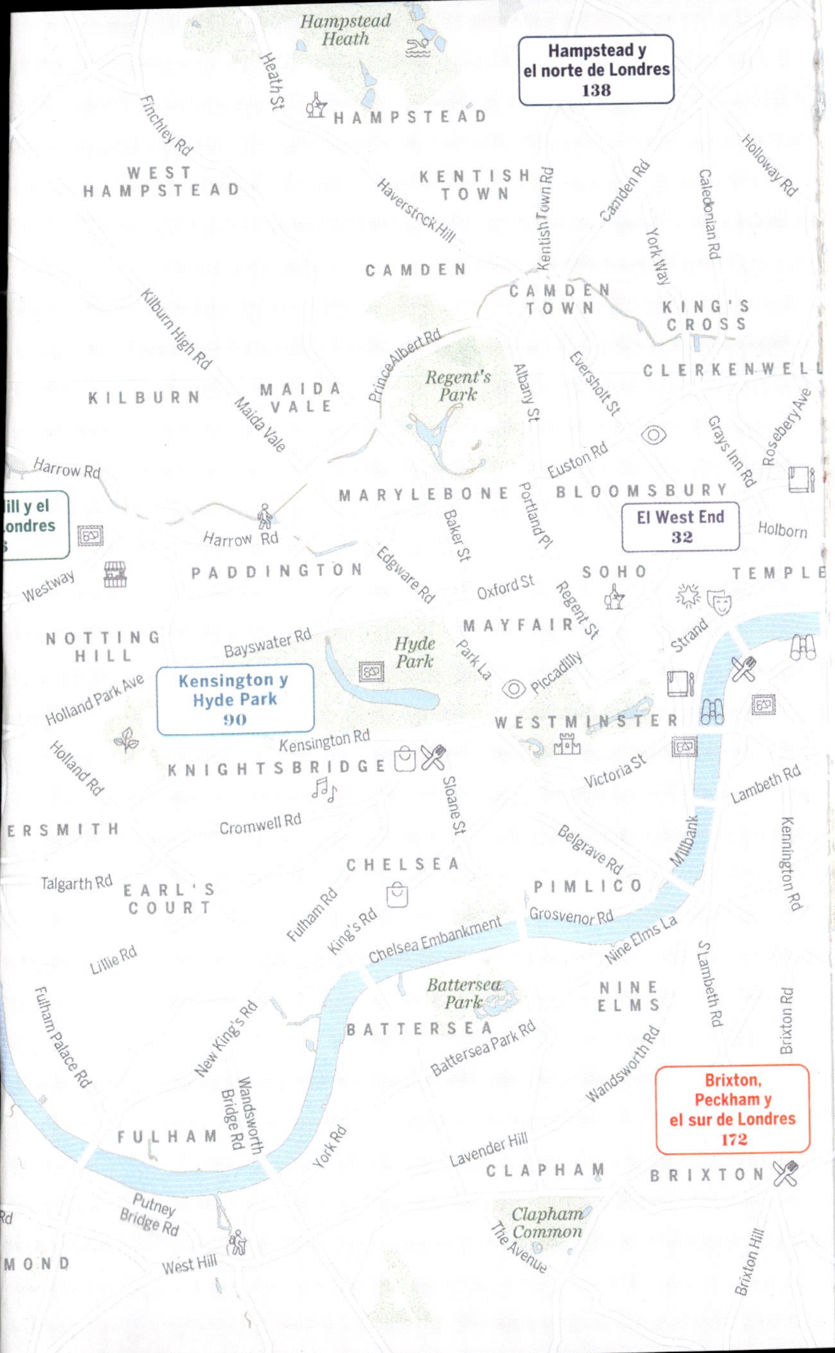
Hampstead Heath
Hampstead y el norte de Londres 138
HAMPSTEAD
Heath St
Finchley Rd
WEST HAMPSTEAD
KENTISH TOWN
Haverstock Hill
Kentish Town Rd
Camden Rd
Holloway Rd
Caledonian Rd
York Way
CAMDEN
CAMDEN TOWN
KING'S CROSS
Kilburn High Rd
Prince Albert Rd
Regent's Park
Albany St
Eversholt St
CLERKENWELL
KILBURN
MAIDA VALE
Maida Vale
Grays Inn Rd
Rosebery Ave
Harrow Rd
Euston Rd
MARYLEBONE
BLOOMSBURY
Portland Pl
Baker St
El West End 32
Holborn
Harrow Rd
Westway
PADDINGTON
Edgware Rd
Oxford St
SOHO
TEMPLE
Regent St
MAYFAIR
NOTTING HILL
Bayswater Rd
Hyde Park
Park La
Strand
Piccadilly
Kensington y Hyde Park 90
Holland Park Ave
WESTMINSTER
Kensington Rd
Holland Rd
KNIGHTSBRIDGE
Sloane St
Victoria St
Lambeth Rd
ERSMITH
Cromwell Rd
Belgrave Rd
Millbank
Kennington Rd
CHELSEA
Talgarth Rd
EARL'S COURT
Fulham Rd
PIMLICO
Grosvenor Rd
King's Rd
Chelsea Embankment
Nine Elms La
Lillie Rd
S Lambeth Rd
Battersea Park
NINE ELMS
Fulham Palace Rd
Brixton Rd
BATTERSEA
New King's Rd
Battersea Park Rd
Wandsworth Rd
Brixton, Peckham y el sur de Londres 172
Wandsworth Bridge Rd
FULHAM
York Rd
Lavender Hill
CLAPHAM
BRIXTON
Putney Bridge Rd
Clapham Common
The Avenue
West Hill
Brixton Hill
MOND

lonely planet
LONDRES
Hannah Ajala, Tharik Hussain, Linda Konde,
Travis Levius, Demi Perera, Qin Xie

Maravillarse con la obra n
Wren desde la Tate Modern; com
restaurante Michelin en el moder
de Londres; ver gratis arte del gr
pedalear por un entorno rural; ca
vampiros y saludar a Karl Marx e
cementerio de Highgate; salir de
por los modernos barrios de Hoxt
Shoreditch; explorar vecindarios é
fascinantes y comer como un lond
en Brick Lane; nadar en Hampstea
Heath; despedir el día desde el Wal
Talkie, y tomarse una pinta en una
microcervecería de Bermondsey.

Así es Londres.

EL PRÓXIMO VIAJE SIEMPRE ES EL
PASA LA PÁGINA Y EMPIEZA A PLANEA

Arriba: Portobello Road Market (p. 160).

COCINA COSMOPOLITA

En una ciudad en la que conviven gentes de más de 270 nacionalidades (y al alza) ¿a quién puede sorprender semejante diversidad culinaria? Guste la alta cocina o la comida callejera, en Londres se encontrará el restaurante Michelin o el puesto de mercado que se busque.

Izda.: curris en el Camden Market.
Dcha.: Goru di Hatkora, típico plato silheti.
Abajo: marisco en el Da Terra (p. 136).

→ CURRI AUTÉNTICO

¿Harto de las cartas de la mayoría de restaurantes "indios" de Londres? Pruébense sitios nuevos como el Graam Bangla, de genuina comida silheti, en Brick Lane (p. 128).

DI FANFO/SHUTTERSTOCK ©

ESTE DE LONDRES CON ESTRELLAS MICHELIN

Aparte del centro de Londres, ahora hay que buscar las estrellas Michelin más interesantes en el East End, para probar, p. ej., la cocina de micro-temporada del Lyle's, cerca de Brick Lane, o un menú degustación a base de pescado sostenible en el Behind, en Hackney (p. 136).

RIGHT: SUPPLIED BY DA TERRA; LEFT: I WEI HUANG/SHUTTERSTOCK ©

↑ FUSIONES DIVERTIDAS

La larga tradición experimental de Londres con la cocina ha resultado en propuestas como la alta fusión del restaurante Da Terra y su menú degustación de inspiración europea y sudamericana (p. 136).

Los mejores mercados 'gourmet'

- **Al sur del río aguarda uno de los mejores sitios de comida callejera: el Southbank Centre Food Market.** (pp. 78-79)
- **Aprender a hacer pan y dónuts en el Borough Market, uno de los mercados de abastos más antiguos de Londres.** (pp. 80-81)
- **Visitar los puestos de comida india y mediterránea del infravalorado Exmouth Market, en Clerkenwell.** (p. 110)
- **Encontrar la mayor variedad de comida étnica y halal en el callejero Brick Lane Market, los domingos.** (p. 125)

MERCADOS CALLEJEROS

Los mercados callejeros de Londres se dividen, *grosso modo*, en dos categorías: los locales, que aún “apilan la mercancía y la venden barato”; y los que ofrecen sobre todo una experiencia, ya sea curiosear ropa *vintage* al son de música *jazz* en directo o deleitarse con un *sambal* de Sri Lanka entre collares hechos a mano.

Izda.: Columbia Road Flower Market (p. 125).
Dcha.: puestos de ropa vintage en el Spitalfields Market (p. 114).
Abajo: Brick Lane Market (p. 125).

→ REGATEO

En estos mercados se puede regatear todo menos la comida; no hay que ser impertinente; para ofertas más interesantes, hay que llegar hacia la hora del cierre.

PAOLO PARADISO/SHUTTERSTOCK ©

↓ RUTA POR MERCADOS DOMINICALES

Hay muchos en Londres, pero pocos igualan la combinación del Bethnal Green de Brick Lane y el Columbia Road Flower Market de Hackney (p. 125).

RIGHT: ELENA ROSTUNOVA/SHUTTERSTOCK ©
LEFT: ELENACHAYKINAPHOTOGRAPHY/SHUTTERSTOCK ©

LOS LUGAREÑOS

Para deliciosa comida callejera asiática (p. ej., *chana chaat*) o ver la verdadera vida del este de Londres, hay que visitar lugares como el Whitechapel Market (p. 136).

Los mejores mercados

- **Los días de lluvia, nada como ponerse a cubierto en el Spitalfields Market, un edén de auténticas artesanías.** (pp. 114-115)
- **Marearse con la genuina ropa africana del East Street Market de Walworth.** (p. 187)
- **Pasar una apacible tarde de domingo entre las artesanías y piezas vintage del Herne Hill Market.** (p. 187)
- **Merodear por el frondoso Columbia Road Flower Market, una verdadera selva.** (p. 125)
- **Disfrutar en Notting Hill del ya todo un cliché, aunque aún imprescindible, Portobello Road Market.** (pp. 160-161)

EL MUNDO **EN LONDRES**

Esta siempre ha sido una ciudad de inmigrantes: romanos, vikingos, anglosajones, hugonotes, judíos, irlandeses, afrocaribeños, asiáticos y, más recientemente, europeos del este. Es lo que hace de Londres un lugar tan especial. Algunas de estas comunidades llegaron en oleadas y se instalaron en barrios donde hoy tienen sus mercados, restaurantes, lugares de oración y centros comunitarios. Pasear por ellos es como estar en otro lugar.

Izda.: celebraciones del Año Nuevo chino (p. 21).
Dcha.: Tara Theatre (p. 186), Earlsfield.
Abajo: festival Boishakhi Mela (p. 23).

→ TEATRO ALTERNATIVO

El Tara Theatre (p. 186) de Wandsworth programa obras producidas por comunidades británicas surasiáticas que indagan en los problemas sociopolíticos que padecen.

BLACK ARTS

Londres tiene maravillosas galerías de arte dedicadas a la diversidad, como la 198 Contemporary Arts de Brixton, en su tiempo a la vanguardia del Black Arts Movement de Gran Bretaña.

↑ CARNAVALES

El Carnaval de Notting Hill quizás sea la fiesta étnica más famosa de Londres, pero hay otras muy recomendables como el Boishakhi Mela, que celebra el Año Nuevo bengalí.

Los mejores barrios étnicos

- **Descubrir la vida de la comunidad bangladesí en el vecindario que rodea Brick Lane.** (pp. 128-129)
- **Callejear de Shoreditch a Haringey vía Dalston para conocer un peculiar ambiente anatolio.** (pp. 132-135)
- **Ver el dinámico –aunque comercial– despliegue de la cultura china en Chinatown, en el centro de Londres, cerca del Soho.** (pp. 50-51)
- **Visitar el East Street Market de Walworth para descubrir el legado y la cultura afrocaribeños de la zona.** (p. 187)

LONDRES
A PIE Y A PEDALES

No es de extrañar que la capital del país que popularizó precisamente el senderismo sea un lugar tan *paseable,* con muchos espacios verdes. Interesantes rutas a pie y en bicicleta permiten descubrir nuevas vías de agua y una fauna fascinante, y de paso disfrutar de la ciudad de otra manera. Sin embargo, respecto a la bicicleta, a Londres aún le queda mucho para integrarla como medio habitual de locomoción.

Izda.: perfil urbano desde Primrose Hill.
Dcha.: Santander Cycles.
Abajo: el Westminster Bridge durante la World Naked Bike Ride.

→ ALQUILER DE BICICLETAS

En Londres hay pocos sitios porque la mayoría de usuarios opta por las omnipresentes bicicletas Santander (p. 208).

CIRCUITOS A PIE Y EN BICICLETA CON APP

Para rutas, pruébense estas aplicaciones: TfL Go, Footpath Route Planner, Cyclestreets y Cyclers. O consúltese la web de Sustrans (sustrans.org.uk).

↑ LA BICICLETA DESNUDA

¿Apetece concienciar sobre la seguridad de la bicicleta mientras se pedalea como se vino al mundo? Pues solo hay que participar en la World Naked Bike Ride, en junio.

Los mejores paseos y rutas ciclistas

▶ **Caminar por el River Wandle Trail y descubrir un río secreto y 'bucólico' de Londres.** (pp. 178-179)

▶ **Pedalear por los caminos de sirga del valle del Lea, un Londres más silvestre.** (pp. 130-131)

▶ **Pasear por el magnífico Hampstead Heath y disfrutar de la asombrosa panorámica urbana desde Primrose Hill.** (pp. 146-147)

↘ A VISTA DE PÁJARO

Disfrutar de las vistas y de paso intentar dar con una de estas inusuales aves de Londres:

- ▶Cotorra de Kramer.
- ▶Mito común.
- ▶Pinzón vulgar.
- ▶Carbonero garrapinos.

VISTAS VERTIGINOSAS

En la década de 1980 había un solo rascacielos en Londres, la Natwest Tower, y el ciudadano de a pie no podía disfrutar de sus espectaculares vistas. Hoy los londinenses tienen muchas más opciones; restaurantes y cafés en las alturas, miradores e incluso elevados parques públicos con maravillosas panorámicas de la ciudad.

Los mejores miradores

▶ **Desayunar en el Duck & Waffle mientras amanece sobre la ciudad.** (p. 72)

▶ **Visitar el público Sky Garden, con impresionantes vistas aéreas de la ciudad.** (foto; p. 65)

▶ **Tomarse un cóctel en el bar GŎNG, sito en la emblemática "esquirla de vidrio", con vistas de Londres desde el sur del río.** (p. 88)

▶ **Disfrutar de un café ante el impresionante perfil urbano de Londres desde la Tate Modern.** (p. 87)

↘ LOS PEQUEÑOS

Hay espacios verdes pequeños pero fabulosos:

London Fields en Hackney.

Victoria Park en East London.

Coram's Fields en Russell Square.

Southwark Park en Bermondsey.

EN EL PARQUE

Uno de los mayores aciertos de los urbanistas victorianos de Londres fue el de integrar la naturaleza en la ciudad, para así diluir su densidad urbana y humana. Londres disfruta hoy de más espacios verdes –los hay en casi cada barrio– que la mayoría de capitales del mundo. Es buena idea ir a pasar un día en alguno de sus parques más emblemáticos.

Los grandes

- **Disfrutar de las barcas en los lagos y de Shakespeare en las noches de verano en el Regent's Park.** (p. 52)

- **Bañarse en los estanques (hay tres) del Hampstead Heath, uno de los parques más populares del noroeste de Londres.** (pp. 146-147)

- **Codearse con los pavos reales en el maravilloso Kyoto Garden del Holland Park.** (foto; p. 163)

LONDRES CERVECERO

A Londres siempre le ha obsesionado elaborar su propio "veneno" -recuérdese la locura de la ginebra del s. XVIII-. Hoy todo es más prudente. Aunque la destilación de ginebra ha vuelto, es más chic ir a una microcervecería moderna, donde expertos tirarán esa deseada pinta artesana.

★ UN 'PUB' HISTÓRICO

Tomarse una pinta en un antiguo *pub* como el Ye Olde Watling (p. 68), construido por sir Christopher Wren en 1668 y donde, se dice, el famoso arquitecto dibujó los planos de la catedral de St Paul.

Las mejores microcervecerías

- **The Kernel Brewery fue la primera en instalarse en Bermondsey, y aún triunfa.** (p. 183)
- **The Fourpure Brewing Co, en Bermondsey, promete cervezas sencillas pero con todo el sabor.** (p. 183)
- **En la Crate Brewery, en Hackney Wick, elaboran fantásticas cervezas y deliciosas 'pizzas'.** (p. 127)
- **La legendaria Howling Hops Brewery & Tank Bar tiene fama por lo generosos que son con sus lúpulos.** (p. 127)

A MEDIDA

Es posible hacerse a medida una ginebra en la City of London Distillery o una sidra en la única sidrería urbana de Londres, la Hawkes Cidery & Taproom (p. 182).

Arriba: Crate Brewery y Pizzeria (p. 127). **Izda.:** Howling Hops Brewery & Tank Bar (p. 127).

CULTURA GRATIS

Ninguna ciudad del mundo ofrece acceso gratis a tantas y tan prestigiosas instituciones culturales como Londres. Para lo cara que es esta metrópoli, ver rembrandts o monets e intentar descifrar la Piedra Rosetta gratis es poco menos que maravilloso.

KIEVVICTOR/SHUTTERSTOCK ©

★ RESERVAR CON TIEMPO

En muchos museos y galerías el sistema de entradas es con horario, por lo que se recomienda reservar por anticipado.

TRANSPARENCIA Y DIVERSIFICACIÓN

Se ha iniciado un sano debate acerca de cómo "descolonizar" respetuosamente estas tradicionales instituciones culturales y algunas –como el Museum of the Home (p. 137)– hasta han cambiado de nombre.

Los mejores sitios gratis

- **Experimentar cómo era la vida en los muelles de la ciudad en el Museum of London Docklands.** (p. 137)
- **Disfrutar de una exposición puntera en la Whitechapel Gallery en el moderno este de Londres.** (p. 137)
- **Emprender todo un viaje en el Natural History Museum que gustará a niños y adultos.** (p. 104)
- **Ver un cuaderno de notas de Da Vinci y otras genialidades en el V&A.** (p. 104)

Arriba: Victoria & Albert Museum (p. 104).

Temporada alta

La demanda de alojamiento se dispara. Se puede reservar con antelación en https://lonelyplanet.es/europa/inglaterra/londres#donde-dormir.

↘ Trooping the Colour

El segundo sábado de junio se celebraba oficialmente la coronación de la reina con gran pompa. Tras su reciente muerte, la celebración continuará con su hijo, Carlos III, aunque aún no se conoce la fecha exacta.

▸ trooping-the-colour.co.uk

← Open Garden Squares Weekend

Un fin de semana de principios de junio, más de 200 jardines, normalmente de acceso restringido, abren sus puertas.

↓ Wimbledon Lawn Tennis Championships

Durante dos semanas de junio y julio, el pueblo de Wimbledon, en el sur de Londres, acapara toda la atención del mundo del tenis.

▸ Wimbledon

JUNIO

Máxima media diurna: 17°C
Días de lluvia: 13

JULIO

Londres en VERANO

→ Pride London

Cita anual en la que la comunidad LGTBIQ+ pinta la ciudad de rosa (y de rojo, y de amarillo...).

▸ prideinlondon.org

↓ Great British Beer Festival

En este festival se abren barriles de cerveza de todo el mundo en el recinto ferial Olympia London, la primera semana de agosto.

▸ gbbf.org.uk

← Wireless

Es uno de los principales festivales de música de Londres, con énfasis en el *dance* y el R&B. Es en julio, en un gran parque de Londres.

▸ wirelessfestival.co.uk

Máxima media diurna: 19°C
Días de lluvia: 14

AGOSTO

Máxima media diurna: 18°C
Días de lluvia: 13

← Carnaval de Notting Hill

El Carnaval al aire libre más concurrido y animado de Europa celebra el Londres caribeño durante el puente de agosto.

▸ Notting Hill

Qué llevar

Sombrero, gafas de sol y protección solar ante posibles 'olas de calor', y un impermeable plegable.

Consulta cuándo visitar Londres en línea

→ The Mayor's Thames Festival

Esta cosmopolita fiesta de septiembre en honor al río Támesis culmina con un desfile nocturno imprescincible.

▸ thamesfestivaltrust.org

↘ Open House London

Un fin de semana de mediados de septiembre, más de 800 edificios patrimoniales, normalmente vetados al público, abren sus puertas.

▸ openhouselondon.org.uk

London Film Festival

Durante dos semanas de octubre, la principal cita cinematográfica de la ciudad preestrena más de 100 películas británicas y extranjeras.

▸ bfi.org.uk/lff

→ Affordable Art Fair

A lo largo de cuatro días de marzo y octubre, el Battersea Park se transforma en una gigantesca y asequible feria de arte.

▸ Battersea, Wandsworth

▸ affordableartfair.com

SEPTIEMBRE

Máxima media diurna: 16°C
Días de lluvia: 15

OCTUBRE

Londres en OTOÑO

→ Guy Fawkes Night

Los fuegos artificiales iluminan el cielo de Londres la noche del 5 de noviembre, en recuerdo del intento fallido de Guy Fawkes de volar el Parlamento en 1605.

↓ London Jazz Festival

Algunos de los mejores músicos de *jazz* recalan en Londres durante este festival de 10 días en noviembre.

▸ efglondonjazzfestival.org.uk

↘ Lord Mayor's Show

El nuevo alcalde de la City of London se desplaza en comitiva y con carroza para jurar lealtad a la Corona.

▸ lordmayorsshow.london

NOVIEMBRE

Máxima media diurna: 13°C
Días de lluvia: 15

Máxima media diurna: 9°C
Días de lluvia: 17

Abrigarse y pasear por las calles arboladas y los parques para disfrutar de los colores del otoño.

Qué llevar

Es la estación de vestirse por capas: ropa de abrigo fácil de quitar por si el tiempo mejora o se accede a interiores.

Navidad

La mayoría de la gente se queda en casa el día de Navidad, pero el 26 de diciembre (Boxing Day) empiezan las rebajas. Ambos son fiestas oficiales.

← Año Nuevo

La cuenta atrás para que el Big Ben dé la medianoche se celebra con fuegos artificiales desde el London Eye, entre multitudes.

↘ Patinaje sobre hielo

De mediados de noviembre a enero aparecen pistas de hielo en rincones exteriores preciosos.

→ Árbol y luces de Navidad

El centro de Londres se ilumina a lo grande en Navidad, simbolizada con el enorme árbol que se instala en Trafalgar Square.

DICIEMBRE

ENERO

Máxima media diurna: 6°C
Días de lluvia: 17

Londres en
INVIERNO

← London Art Fair

Más de 130 importantes galerías participan en esta feria de arte contemporáneo de enero.

▶ londonartfair.co.uk

↓ Imagine Children's Festival

Doce días de febrero con espectáculos musicales, literatura, comedia desternillante y fiestas, todo para niños, en el Southbank Centre.

▶ Waterloo

→ Año Nuevo chino

A finales de enero o principios de febrero, el ruido y la algarabía se apoderan de Chinatown.

▶ Chinatown

FEBRERO

Máxima media diurna: 6°C
Días de lluvia: 19

Máxima media diurna: 6°C
Días de lluvia: 16

← Pancake Races

Asistir a las carreras de tortitas y demás extravagancias ciudadanas (sobre todo en el Old Spitalfields Market) el martes de Carnaval.

Qué llevar

Jersey grueso, bufanda, guantes y abrigo, y quizás también leotardos o *leggings*.

Los jardines y los grandes parques de la ciudad estallan en color.

↙ St Patrick's Day

El domingo más próximo al 17 de marzo, San Patricio se celebra con un colorido desfile y muchísimas Guinness.

Los BAFTA

La British Academy of Film & Television Arts desenrolla la alfombra roja a mediados de marzo para su gala anual de premios del cine.

▶ bafta.org

→ Flare

Festival de cine LGTBIQ+ del British Film Institute, con películas, sesiones de club, charlas y eventos.

▶ bfi.org.uk/flare

MARZO

Máxima media diurna: 8°C
Días de lluvia: 16

ABRIL

Londres en PRIMAVERA

← London Marathon

Unos 40 000 corredores van de Blackheath al Mall en una de las mayores carreras sobre asfalto del mundo.

▸ tcslondonmarathon.com

↙ Chelsea Flower Show

El evento hortícola más famoso del mundo atrae a jardineros y apasionados por las flores.

▸ Chelsea

▸ rhs.org.uk

↓ Boishakhi Mela

Esta explosión de color, música y gastronomía, que se extiende desde Brick Lane hasta los Weavers Fields, celebra el Año Nuevo bengalí en mayo.

▸ East End

Máxima media diurna: 11°C
Días de lluvia: 16

MAYO

Máxima media diurna: 14°C
Días de lluvia: 15

Oxbridge Boat Race

La gente se agolpa junto al Támesis para ver esta competitiva regata entre universidades que va de Putney a Mortlake.

▸ theboatraces.org

Qué llevar

Camiseta y cárdigan fino, sin olvidar el paraguas por los típicos chaparrones de abril.

MI DÍA PERFECTO EN LONDRES

Por Hannah
@hannah_ajala

CICLISMO, PARQUES Y COMIDA CALLEJERA

A media tarde, un día de primavera o verano, alquilaría una bici y recorrería mis barrios favoritos, con paradas para tomar comida callejera y un café helado. Después, me relajaría en el parque más verde que encontrara. Son las cosas sencillas las que me hacen valorar mi ruidosa, aunque casi siempre querida Londres. La cultura londinense en la que nací y crecí ha moldeado mi visión de la vida.

POR QUÉ ME ENCANTA LONDRES

Me encanta Londres porque me acerca a los países que he visitado, y porque siempre será mi hogar.

SUTTIRAT WIRIYANON/SHUTTERSTOCK ©

PAOLO PARADISO/SHUTTERSTOCK ©

Izda.: sándwich en el Borough Market (p. 80). **Dcha.:** en bici junto al Regent's Canal en Hackney. **Pág. siguiente:** bollos de jengibre en el Borough Market.

DESAYUNO EN LAS NUBES. CENA A RAS DEL SUELO

Despertarme en el hotel Shangri-La The Shard y nadar en la Sky Pool del piso 52, donde me quedaría casi toda la mañana. Para almorzar caminaría hasta el Borough Market, donde probaría varios platos caseros para luego visitar los puntos de interés del South Bank hasta el atardecer. Pasaría por la Tate Modern, la Oxo Tower y la Thames Beach, y seguiría hacia el National Theatre y hasta el London Eye. ¡Qué maravilla de paseo!

Por Demi
@girl_travelsworld

LO MEJOR DEL SOUTH BANK

Borough Market Para café y bollería fresca.

The Market Porter Pub En el Borough Market, para almorzar un *steak and ale pie* con *gravy* y puré de patatas.

South Bank Para un paseo tonificante y ver gente.

KIRILL LIVSHITSKIY/SHUTTERSTOCK ©

PUNTOS DE INTERÉS RIBEREÑOS Y JOYAS ARQUITECTÓNICAS

Por Travis
@misterlevius

Arrancar en el South Bank con un circuito arquitectónico del National Theatre, referencia brutalista de Londres. Desde el London Eye Pier, embarcarse en un crucero por el Támesis para admirar sus puentes y lugares emblemáticos. Apearse en el Tower Pier y perderse por la City entre rascacielos futuristas, ruinas romanas e iglesias medievales. Rematar el día con unas copas en el Oblix, en The Shard, el edificio más alto de Europa occidental, con vistas al inimitable perfil urbano de Londres.

POR QUÉ ME ENCANTA LONDRES

Aquí me siento más vivo: la arquitectura y los parques, el ambiente creativo, la diversidad general. Londres no es perfecta –los precios y el clima caprichoso pesan mucho– pero para mí sí lo es.

Por Tharik
@tharik_hussain
@_tharikhussain

BARRIOS ARTÍSTICOS, VANGUARDISTAS, ÉTNICOS

Ver la última exposición en la Whitechapel Art Gallery, antes de pasear por la vanguardista Brick Lane. Fijarse en el impresionante mural de la entrada de la calle y después comprar un ligero almuerzo picante en el Graam Bangla. Fotografiar el minarete más moderno del país de visita a la famosa mezquita de Lane y después, por la tarde, buscar un regalo original o alguna ganga *vintage* en tiendas como Beyond Retro. Y no hay que marcharse sin probar el delicioso *bagel* con ternera a la sal del Beigel Bake.

POR QUÉ ME ENCANTA LONDRES

Londres es más un conglomerado de pequeños mundos que una ciudad, un lugar donde saborear o asomarse a casi cualquier rincón del planeta.

MARC ZAKIAN/ALAMY STOCK PHOTO ©

LOS MEJORES BARES

Sushi Samba (Heron Tower) Bar con terraza y vistas.

Bokan 37 (40 Marsh Wall) Informal bar de azotea.

Dirty Martini (dirtymartini.uk.com) Coctelería elegante y oscura.

BARES, RESTAURANTES, PARQUES, CULTURA

Ir al este de Londres para pasear por la ecléctica zona de Brick Lane y embobarse con los inacabables y alegres murales de artistas locales. Después, callejear por la bulliciosa Shoreditch hasta Boxpark, para comer algo sustancioso. Si el tiempo acompaña, pasar la tarde y ver la puesta del sol en el Greenwich Park, ante un panorámico Londres. Otra opción sería ir al Sushi Samba, en el piso 38, para cenar y tomarse unos vinos con vistas de 360º de la ciudad.

Por Linda
@lyndakonde

Arriba: Beyond Retro (p. 137). **Pág. siguiente arriba:** Spitalfields Market **Pág. siguiente dcha.:** platos del A Wong.

Por Qin
@qinxiesays

WILLY BARTON/SHUTTERSTOCK ©

DE RESTAURANTES Y BARES DE LA MAÑANA A LA NOCHE

Hartarse con un desayuno City Boy de vicio en el Fox & Anchor, o con el famosísimo sándwich de beicon del St John's. Para almorzar ecléctica comida callejera hay que ir al este hasta el Old Spitalfields Market, donde aguardan una adictiva hamburguesa de gamba y sedosos fideos caseros. Ahora toca ir al oeste, ya sea para un café en la subterránea HR Higgins o unas copas a la puesta de sol en la azotea de Selfridges. La cena, sí o sí, en Chinatown, donde el Gerrard's Corner nunca defrauda. Terminar con una copa en el Experimental Cocktail Club.

↓ LOS MEJORES RESTAURANTES

Noble Rot (51 Lamb's Conduit St) Comida y vinos excelentes.

Bancone (39 William IV St) Para incondicionales de la pasta.

A Wong (70 Wilton Rd) Para comida china replanteada.

Brat (4 Redchurch St) Por su pastel de queso quemado.

DAVID COTSWORTH/IMAGE SUPPLIED BY QIN XIE ©

7 consejos sobre LONDRES

RECOMENDACIONES PARA EMPEZAR CON BUEN PIE

1 Arte gratis

No hay ciudad en el mundo que ofrezca tanta cultura de primera gratis como Londres. Algunas prestigiosas instituciones que no cobran nada por disfrutar de sus colecciones: V&A, National Portrait Gallery, Tate Modern, Tate Britain, Museum of London, Natural History Museum, Royal Academy of Arts, Science Museum y British Museum.

▶ Más información sobre cultura gratis en p. 15.

2 No son tiempos de té

La influencia de comunidades inmigrantes más cafeteras, procedentes de Oriente Próximo, el norte de África y el Mediterráneo, ha hecho que ya no haya que preguntar a un londinense (¡oh, cielos!) si le apetece un té, sino un *flat white* o, para los más entendidos, un cortado, tal cual.

3 Arcoíris

Aunque en Londres puedan verse (fugazmente) más arcoíris que en otras capitales, nunca hay que salir de casa sin un paraguas o un impermeable plegable.

▶ Más información sobre el tiempo en p. 16.

4 Yo a lo mío

En el transporte público los londinenses no hablarán con el viajero ni lo mirarán. Si lo hacen es que son turistas, están borrachos o ambas cosas.

▶ Más información esencial viajera en p. 217.

5 Día de descanso

Atípico para una metrópoli moderna, el domingo como "día de descanso" se respeta en Londres. No hay que sorprenderse si una calle abarrotada y con tiendas abiertas el sábado está desierta al día siguiente. No obstante, hay muchos mercadillos dominicales.

6 Jerga londinense

'Ave a butchers' Echar un vistazo.

'Aving a bubble' Echando unas risas.

'Bloody...' Se añade a una palabra para intensificar el efecto ("bloody hell!", "bloody marvellous!").

'Hammering it down' Llueve mucho y los londinenses tienen numerosas formas de describir la lluvia. "Hammer it down" significa que está "diluviando".

'Old Bill' No, no es un anciano llamado William; es la policía.

'Fam' Diminutivo de "familia" que suelen utilizar los jóvenes para referirse a cualquiera y a nadie en particular ("listen fam!").

'A score' Es un billete de 20 £, como en "that's a score" cuando se comunica el precio de algo.

'Sarf or Noorf' Sur o norte, para referirse a cada lado del Támesis en Londres ("I'm from sarf London" o "I live in noorf London").

'Get lost!' Piérdete.

'Have a good un' Qué tengas un buen día.

7 Londres multilingüe

Solo porque esta sea la capital del país no significa que todo el mundo hable inglés, ni mucho menos. Como también fue la capital de un gran imperio, en Londres se pueden escuchar hasta 300 idiomas (según estimaciones), desde suajili hasta alemán.

Libros, música, 'podcasts', cine y webs

LIBROS

Campos de Londres (Martin Amis, 1989) De uno de los mejores escritores británicos, esta magnífica novela ambientada en Londres supura decadencia.

Londres: una biografía (Peter Ackroyd; 2000) Todavía, el mejor texto acreditado sobre la historia de Londres.

Historias de Londres (Enric González, 1999) Magnífico retrato de la ciudad a través de los acontecimientos cotidianos que vivió el periodista en su estancia en Londres.

Dientes blancos (Zadie Smith; 2000) Esta multipremiada novela es un auténtico clásico moderno. Ambientada en Londres y centrada en la Gran Bretaña multicultural, muestra una ironía y un humor desbordantes que no dejan indiferentes a ningún lector.

MÚSICA Y 'PODCASTS'

Gang Signs & Prayers (Stormzy; 2019) El primer álbum de *grime* en alcanzar el nº 1 en el Reino Unido, por el pope actual del género.

The Return of the Space Cowboy (Jamiroquai; 1994) El álbum de *funk* más vendido de todos los tiempos por la innovadora banda londinense.

London Undone (London Undone) *Podcast* sobre los lugares más insólitos de Londres y alrededores.

19 (Adele; 2008) El laureado álbum de debut de la chica de Tottenham.

Londonist Out Loud (Londonist) Maravilloso *podcast* que cubre todo sobre Londres, desde edificios icónicos a los taxis negros.

CINE Y SERIES

Rocks (2020) Carta de amor al este de Londres desde sus tejados a través de la mirada de adolescentes locales.

Top Boy (2011) Cruda serie sobre la vida delictiva en los edificios de protección oficial de los barrios céntricos de Londres.

Withnail and I (1987) En los años sesenta, dos actores en paro escapan de Camden Town para ir a la campiña inglesa.

Performance (1970) Mick Jagger protagoniza esta película definitiva del Londres de las estrellas del *rock* y los delincuentes.

Attack The Block (2011) Los alienígenas invaden Brixton pero no contaban con los jóvenes insolentes que viven allí.

WEBS

@TimeOutLondon
Cuenta de Instagram del Time Out London.

@StandardNews
Últimas noticias y actualizaciones del popular periódico de Londres en Twitter.

VISIT LONDON
OFFICIAL VISITOR GUIDE
(visitlondon.com/es) Información sobre eventos especiales, circuitos, alojamientos, teatro y demás.

Essential LONDON
Essential London
(essentialldn.com) Un blog sobre los mejores lugares culturales e históricos.

Transport for London
(@TfL)
Actualizaciones de transporte y mucha diversión en Twitter.

Recorre el Londres literario en línea

EL WEST END

OCIO | COMPRAS | HISTORIA

CARNABY STREET
FOUBERT'S PLACE W1
MAC

EL WEST END
Plan de viaje

IMPRESCINDIBLES Y JOYAS OCULTAS

El cautivador West End, conocido por su ambiente moderno y dinámico, tiene una oferta que no se acaba. Este distrito abarca nueve zonas, cada una con su personalidad, e incluye muchos de los puntos de interés icónicos de Londres, tiendas prestigiosas, el barrio teatral y una oferta gastronómica de lo más diversa.

Información

Ideal para Cultura, historia, vida nocturna, gastronomía y compras.

Cómo llegar La línea de metro Central, más las de Victoria, Northern, Piccadilly, Bakerloo, Jubilee, Circle y District.

Cómo desplazarse En metro, en bicicleta y a pie.

Consejo El West End siempre está abarrotado. Para conocerlo de verdad hay que visitarlo de día y de noche.

Ir de compras por la popular **Oxford Street** hasta saciar todos los deseos.
12 min desde la estación de Piccadilly Circus

Curiosear marcas de lujo en **Burlington Arcade,** los primeros grandes almacenes de Gran Bretaña.
7 min desde la estación de Piccadilly Circus

Visitar el **palacio de Buckingham,** la residencia real, y, si apetece, tomar el típico té/merienda en sus jardines.
12 min desde Hyde Park

Salir de bares, a bailar o a cenar por el **Soho,** el centro de la comunidad LGTBIQ+ de Londres.

9 min desde la estación de Tottenham Court Road

Visitar el icónico **Chinatown,** en el Soho, con sus genuinas pastelerías y restaurantes asiáticos, y cafés de *bubble tea.*

4 min desde la estación de Leicester Square

Parar por **Covent Garden** para ir de tiendas, tomar un vino, comer..., las posibilidades son infinitas.

2 min desde la estación de Covent Garden

Escapar del mundanal ruido en el **St James's Park,** en pleno corazón urbano.

10 min desde el palacio de Buckingham

Embobarse con la majestuosa **abadía de Westminster** y las Queen's Diamond Jubilee Galleries.

4 min des°de la estación Westminster

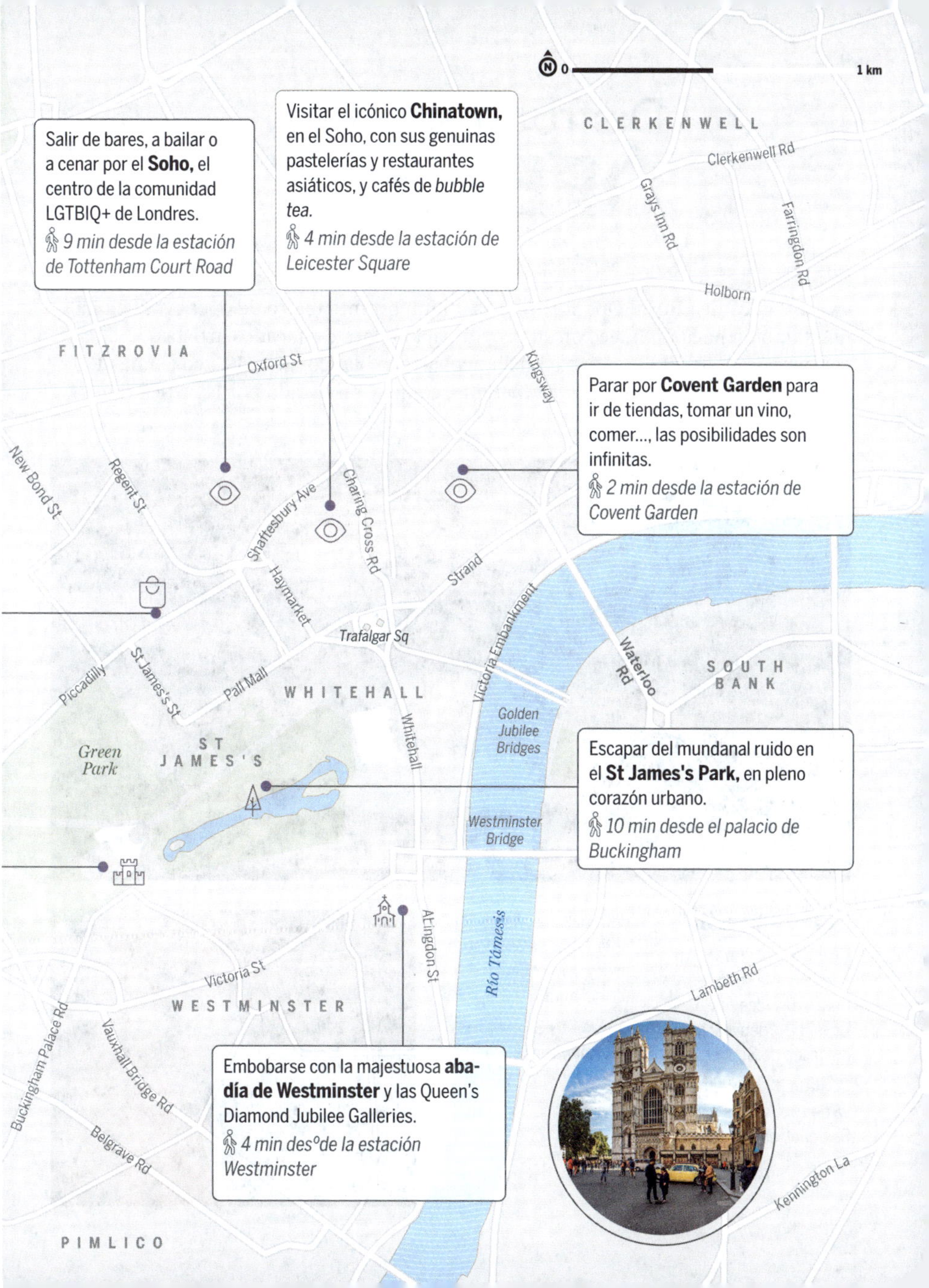

01 Disfrutar en la ÓPERA

MÚSICA | ÓPERA | CENA

La icónica Royal Opera House es un importante teatro de ópera tradicional que también hace un hueco en su programación para destacados artistas contemporáneos. El llamativo edificio neobarroco blanco, de 1858, acoge unas 150 funciones cada temporada, *ballet* incluido, como el ensalzado por la crítica *Romeo and Juliet*.

YANG LIU/GETTY IMAGES ©

Información

Cómo desplazarse Hay que tomar la línea de metro de Piccadilly hasta Covent Garden, a 2 min de paseo de Bow St.

Cuándo ir La temporada va de septiembre a julio. Se deben comprar las entradas dos meses antes si no se es socio, o averiguar si quedan de última hora.

Qué vestir Se puede ir informal, pero siempre con el torso y los pies cubiertos.

ROBBIE JACK/GETTY IMAGES ©

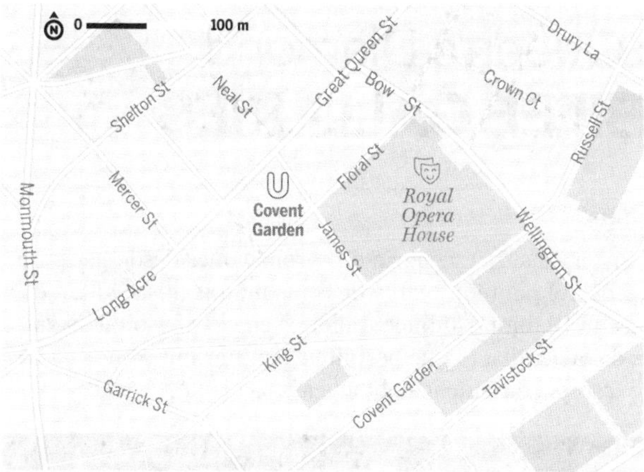

Pág. anterior arriba: Royal Opera House. **Pág. anterior abajo:** John Tomlinson en una producción de *Fausto* de la Royal Opera House.

Clásico y moderno coinciden Este famoso teatro de Covent Garden fue una sala de fiestas durante la II Guerra Mundial y se convirtió en la Royal Opera House (ROH) que se conoce hoy en 1946. Desde entonces es la sede de la Royal Opera y del Royal Ballet. Se pueden ver grandes producciones de óperas clásicas como. *Macbeth, Tosca* y *Las bodas de Fígaro*, y *ballets* como *El lago de los cisnes* y *Giselle*, así como interesantes e insospechadas producciones contemporáneas. De no saber qué ver, se recomienda el *Romeo and Juliet* del Royal Ballet, con coreografía de Kenneth MacMillan, que ha sido una de las sensaciones desde que llegó al ROH en 1965, con más de 400 representaciones ya en su haber.

Abriéndose a la calle En el 2018 se terminaron unas importantes reformas, que incluyeron la sugerente apertura de la planta baja para atraer a un público más amplio. Además de funciones de *ballet* y de ópera, la ROH ofrece ahora clases de danza impartidas por un bailarín del Royal Ballet, visitas guiadas al teatro y recitales o actuaciones a la hora del almuerzo (gratis y de pago) ya sea de la Royal Opera, el Royal Ballet, la orquesta residente o de artistas invitados.

Beber y cenar en la ópera

La Royal Opera House cuenta con ocho restaurantes y bares, cada uno con su ambiente y precios, accesibles solo si se tiene una entrada, excepto el **Royal Opera House Café,** que de día también abre al público en general. El comedor bajo la bóveda de cristal en el **Paul Hamlyn Hall,** con vistas a Covent Garden y extraordinaria disposición en forma de U, es imponente. Aquí se puede comer sin reserva; se recomiendan especialidades como los palitos de pescado o un apetitoso menú de tres platos por 17,50 £. El Paul Hamlyn Hall alberga el también impactante **Balconies Restaurant.**

02 Las Queen's Diamond JUBILEE GALLERIES

REALEZA | GALLERÍA | HISTORIA

La abadía de Westminster ha sido escenario de coronaciones desde hace más de mil años, así como sede del panteón real (y de otras figuras ilustres). En el 2018 se inauguraron las Queen's Diamond Jubilee Galleries en el triforio medieval sobre los arcos de las naves de la abadía, lo que permite examinar tanto su interior como su fascinante tesoro, con muchos objetos jamás expuestos antes.

LEON NEAL/GETTY IMAGES ©

Información

Cómo llegar Con las líneas de metro Circle, District y Jubilee hasta la estación de Westminster.

Cuándo ir A primera hora de la mañana o a última de la tarde, para evitar las aglomeraciones. Se puede asistir a las misas diarias.

Precio Solo se puede acceder a las Queen's Diamond Jubilee Galleries (5 £) si se tiene entrada para la abadía (24 £).

JOHN STILLWELL/PA IMAGES/GETTY IMAGES ©

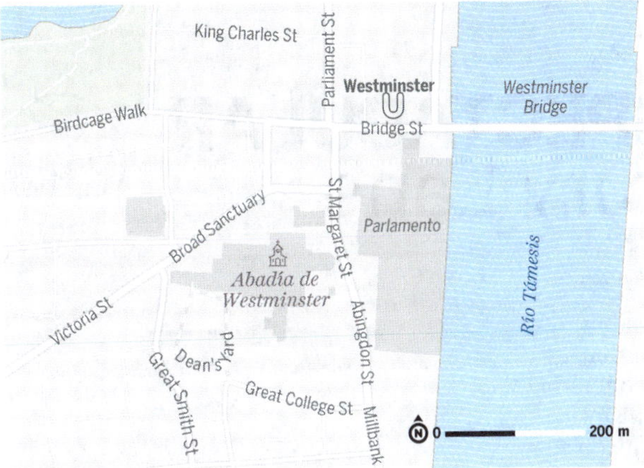

Abierta al público La apertura de las Queen's Diamond Jubilee Galleries en el 2018 dio una sorprendente y nueva perspectiva a esta icónica atracción turística. Situadas en el triforio del s. XIII, a 16 m por encima de la planta de la abadía, es la primera vez en la longeva historia del templo que se abre al público este otrora desván. A este altillo excepcional se accede por la esteliforme Weston Tower de 30 m (escalera y ascensor), que abrió a la par que las galerías para convertirse en el primer añadido importante a la abadía desde 1745. Si se sube por la escalera, se tendrán vistas de la medieval sala capitular (Chapter House) y del palacio de Westminster.

La colección Abarca los 1000 años del templo y se divide en cuatro secciones principales: "Construcción de la abadía"; "Culto y vida cotidiana"; "La abadía y la monarquía"; y "La abadía y la memoria nacional". Entre los 300 objetos expuestos, hay 21 efigies funerarias medievales exquisitamente conservadas, así como un busto de Enrique VII, el trono de coronación de María II, la licencia matrimonial del príncipe Guillermo y Kate Middleton y la armadura de Enrique V, además de arte, esculturas y manuscritos de la biblioteca y archivos de la abadía. Las coloristas vidrieras del templo crean un ambiente de serenidad en un espacio de colores neutros y antiguas vigas de roble, con haces de luz que iluminan el suelo de madera.

Pág. anterior arriba: efigie funeraria de Catherine Sheffield y Robert Sheffield de 1735. **Pág. anterior abajo:** licencia matrimonial del príncipe Guillermo y Kate Middleton.

Abadía de Westminster

Fundada por monjes benedictinos en el año 960, la abadía de Westminster es conocida como el lugar donde están enterrados miembros de la realeza (30 reyes y reinas incl.) y otros personajes ilustres (como Isaac Newton), además de por acoger bodas reales (16 en total), incluida la del príncipe Guillermo y Kate Middleton en el 2011. "Obviamente a la gente le atraen las tumbas de los reyes" –dice Guy Fairbank– "pero también hay otras maravillas ocultas dignas de ver". P. ej., por la sala capitular se llega hasta una recia puerta de roble tras la cual aparecen los vestigios de la primera abadía normanda, con sus robustas y redondas columnas, un sencillo altar y baldosas medievales.

Recomendación de Guy Fairbank, *guía turístico de Londres Blue Badge de Urban Saunters, @guyfairbank*

03 ESPECTACULAR Drury Lane

TEATRO | MUSICAL | ESPECTÁCULOS

Después de casi 400 años, el Theatre Royal Drury Lane, en pleno West End, continúa contando historias a lo grande. Este histórico lugar de referencia se ha ganado su distinción con el edificio original de 1663, lo que lo convierte en el teatro más antiguo en funcionamiento de Londres. El auditorio aún es un lugar transcendental tanto para producciones modernas como clásicas.

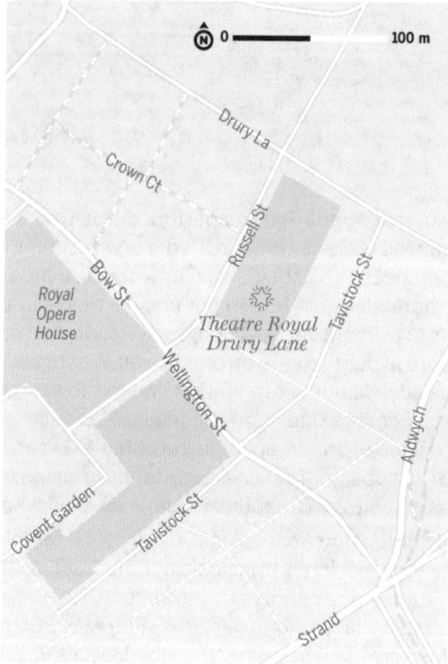

Información

Cómo llegar Con la línea de metro Piccadilly hasta Covent Garden, a 4 min de paseo por calles principales del teatro.

Cuándo ir Drury Lane levanta el telón cada día, pero se recomienda sacar las entradas con tiempo.

Conviene saber Una de las entradas tiene rampa, y en todos los pisos, salvo en el gallinero, hay espacios adaptados para sillas de ruedas.

Espectáculos extraordinarios El famoso compositor Andrew Lloyd Webber, el genio que hay detrás de prestigiosos musicales como *El fantasma de la ópera* y *Cats*, compró el Theatre Royal Drury Lane en el 2004, que hoy gestiona su empresa LW Theatres. Entre el 2019 y el 2021 se sometió a importantes reformas para mejorar el auditorio y la accesibilidad al edificio e incorporar distinguidos espacios de restauración, a la par que se recuperaban muchos de sus elegantes elementos originales. El señorial escenario, por el

Pág. siguiente arriba: producción de *42nd Street* en el Theatre Royal Drury Lane. **Pág. siguiente abajo:** exterior del Theatre Royal Drury Lane.

GAVIN RODGERS/ALAMY LIVE NEWS ©

DAVID WILLIAMS/GETTY IMAGES ©

Una historia fascinante

Fundado en 1663, el Theatre Royal Drury Lane es el más antiguo de Londres. Aunque el edificio ha sufrido varias modificaciones y restauraciones, la estructura actual es de 1812 y es el cuarto teatro que se ha construido en este mismo lugar.

que han pasado incontables musicales clásicos como *My Fair Lady* y *42nd Street*, aún es tan impresionante como siempre, pero ahora puede acoger espectáculos de nueva factura, como el inmersivo *Frozen the Musical*.

Un restaurante encantador

Junto al teatro está **The Garden,** un lugar acogedor y apartado de la calle. Este café y bar contemporáneo, que pertenece a LW Theatres, es lugar de encuentro de amantes de la cultura, el ocio y la gastronomía. Es fácil pasar 1 o 2 h en este frondoso espacio mientras se toma un cóctel o un café especial, o se prueban quesos servidos en viejos tablones del escenario del teatro o postres creados por la famosa pastelera londinense Lily Vanilli. Todo el mundo es bienvenido, teatreros o no.

04 Un día en el palacio de BUCKINGHAM

REALEZA | TÉ/MERIENDA | PALACIO

La que fuera residencia oficial de la reina Isabel II, el palacio de Buckingham, una antigua casa solariega de 1703, ha alcanzado un estatus icónico y atrae a millones de visitantes cada año. Es uno de los pocos palacios reales habitados que quedan en el mundo. Pese a su exclusividad, se puede visitar en verano y disfrutar de una merienda con té en el jardín privado.

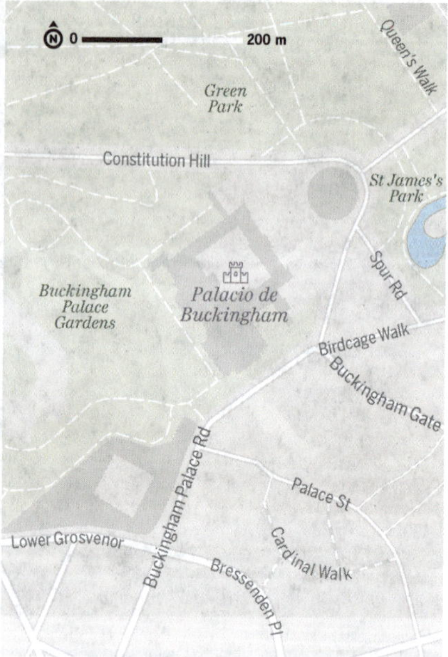

Información

Cómo llegar Con las líneas de metro Victoria o Piccadilly hasta las estaciones de Victoria, Green Park o Hyde Park. Se debe evitar el automóvil: hay muy pocos aparcamientos y son muy caros.

Cuándo ir Buckingham se puede visitar de julio a septiembre. La ceremonia del cambio de guardia se ejecuta todo el año.

Precio Las bebidas calientes en el café del jardín (té incl.) cuestan desde 3 £. Y para acompañar, se puede pedir un dulce (p. ej., pastel de zanahoria) o una flauta o un sándwich.

Una experiencia real Participar en un circuito guiado por los coloristas salones de Estado del palacio permite asomarse a un mundo distinguido. Hay más de 775 habitaciones, 19 de ellas opulentos salones diseñados para recibir invitados y para actos oficiales y solemnes, decorados con infinidad de esculturas, muebles y arte de la Royal Collection. El circuito pasa por el salón oficial de

Pág. siguiente arriba: salón oficial de banquetes del palacio de Buckingham. **Pág. siguiente abajo:** jardines del palacio de Buckingham.

PA IMAGES/ALAMY STOCK PHOTO ©

GARY BLAKE/ALAMY STOCK PHOTO ©

Las banderas del palacio

Si ondea el estandarte del monarca británico (Royal Standard) en el palacio de Buckingham, significa que el rey está en Londres. Cuando no está, entonces ondea la bandera del Reino Unido (Union Flag).

■ **Consejo de Justin Roxburgh,** *guía turístico Blue Badge, @ just_in_london_tours*

banquetes, el del trono, el blanco y el de música, entre otros.

Té en el jardín Disfrutar del té vespertino es una costumbre 100% británica y una norma cultural. Después del circuito guiado por los salones de Estado, se puede ir a los jardines del palacio y encontrar un hueco en el cuidadísimo césped, a ser posible con vistas al lago del s. XIX, para tomar el té de la tarde. Disfrutar de una selección de sándwiches, pastelitos y *scones* en tan plácido marco en pleno centro de Londres (a fin de cuentas es el jardín privado más grande de la capital) es una maravilla. Después se puede pasear, cada cual a su ritmo, por las 16 Ha de jardines diseñados para impresionar, llenos de recovecos, para, al final, despedirse de una las atracciones más populares de Gran Bretaña.

05 A pie por el histórico WEST END

HISTÓRICO | PASEOS | MONUMENTOS

Las mejores formas de descubrir el West End son a pie o en bicicleta. Con semejante volumen de atracciones famosas y monumentos históricos, su oferta no se acaba nunca. Un lugar imprescindible para absorber la historia profunda y compleja de la ciudad y conocer cómo cada lugar de interés se convirtió en algo revelador y en una representación de Gran Bretaña.

WILLY BARTON/SHUTTERSTOCK ©

Londres Antiguo

Pasear por el West End permite conocer más de 1000 años de historia política de la ciudad y a las figuras prominentes que han forjado el país, además de pasar por lugares de interés cultural como el **Regency Cafe,** de la década de 1940, que encarna la "cultura cafetera" de Londres (desayuno inglés tradicional incl.).

Información

Cómo llegar Con las líneas de metro Bakerloo y Northern hasta la estación de Charing Cross para ir a Trafalgar Square, a 2 min de paseo.

Cuándo ir La zona suele estar abarrotada, sobre todo en verano y los fines de semana. Escójanse las calles principales para ver todos los puntos de interés.

Consejo Hay que llevar calzado cómodo. Aunque es un itinerario corto, seguramente se andará más de lo previsto.

■ *Gracias a Shabby Flanders, CEO de Urban Saunters en Londres, @urbansaunters*

01 **Trafalgar Square,** del s. XIX, es un punto de referencia clave y un popular lugar de encuentro rodeado de galerías de arte, museos, restaurantes y lugares de ocio.

02 El **arco del Almirantazgo** fue construido en 1901 para servir como escenario ceremonial de grandes eventos, bodas reales incluidas.

03 Visitar el ornamentado **Parlamento,** a orillas del Támesis, permite asistir a plenos y a audiencias de comités.

04 Por raro que parezca, solo los residentes en Reino Unido pueden subir los 334 peldaños de la escalera de caracol que sube al campanario del icónico **Big Ben.**

05 Con sus 135 m de altura, la gran noria **London Eye,** al otro lado del Támesis, ofrece viajes de 30 min con unas vistas inigualables de Londres.

06 Una noche en EL SOHO

VIDA NOCTURNA | RESTAURANTES | LGTBIQ+

Imprescindible en cualquier visita a Londres, el Soho es un barrio pequeño pero de ambiente desbordante. La zona, famosa por su exuberante ambiente bohemio, acoge bares y restaurantes muy populares y es un destacado epicentro de la comunidad LGTBIQ+.

FOTOMATON/ALAMY STOCK PHOTO ©

Información

Cómo llegar Con la línea de metro Victoria hasta Oxford Circus, y a pie hasta el Soho. Otra opción es la línea Central o Northern hasta Tottenham Court Road y luego caminar.

Cuándo ir Aunque la zona siempre está concurrida, los fines de semana se desborda con jóvenes con ganas de fiesta y turistas.

Precio Las copas suelen ser más caras en el centro de Londres, aunque algunos bares LGTBIQ+ las ofrecen más económicas.

CHRISTO MITKOV CHRISTOV/SHUTTERSTOCK ©

ALENA VEASEY/SHUTTERSTOCK ©

Bares y clubes Lo que le falta al Soho en tamaño, lo compensa con su amplia oferta de ocio. Prácticamente en cada calleja hay todo tipo de bares, locales nocturnos y **'pubs'** hasta la bandera de clientes de cualquier condición social. La cultura de **'pubs'** de Gran Bretaña ha evolucionado con los años y hoy es parte clave de la comunidad, de ahí que **'pubs'** como el **Dog & Duck,** se llenen. Hay que meterse de lleno en este ambiente y relacionarse con los lugareños, que suelen ser clientes habituales. Se puede ir a bailar al **Zebrano,** o a escuchar salsa, bachata, merengue y reguetón en el **Salsa Soho.** Por su parte, los entendidos en cócteles pueden ir al **The Vault,** una coctelería camuflada como librería. Algunos bares, como el **Simmons**

Un local famoso

En plena Old Compton St está **She Soho,** el primer y único local de lesbianas de Londres. Este espacio pequeño y abarrotado es un lugar seguro para mujeres queer, en un entorno tipo sótano. Siempre hay DJ, listas para animar el cotarro en este animado y moderno bar y club.

Arriba izda.: Simmons Bar. **Arriba:** The Dog & Duck. **Abajo izda.:** neón en el Soho.

Bar, tienen sonadas **'happy hours',** con copas selectas (mojitos incl.) desde 10 £.

Imprescindibles para la cena Darse un capricho culinario en el Soho no es imposible; la oferta gastronómica del barrio refleja la diversidad cultural de Londres. El diminuto **10 Greek Street,** uno de los favoritos de los vecinos, ofrece la oportunidad de comer en un entorno íntimo en una zona, por otro lado, bulliciosa. ¿Comida mexicana?, hay que ir al **Temper,** un asador y barbacoa con una impresionante carta de bebidas. Para comida japonesa, váyase al **Shack-Fuyu Soho** para probar su famoso pudin, ¡al parecer el mejor de Londres! Quienes busquen una cena de altos vuelos no saldrán decepcionados del sofisticado **Bob Bob Ricard,** cuya lujosa carta rusa e inglesa incluye ostras y caviar con maridaje de champán.

Un mundo de colores

The Yard Bar En este espacioso patio y bar, las flores y el mobiliario de madera crean un entorno relajante muy apropiado para relacionarse.

Comptons of Soho Este *pub* victoriano funciona desde la década de 1890 y evoca el pasado *queer* clandestino. Ahora, un poco reformado, resulta imprescindible para tomarse una pinta con pinceladas de historia.

G-A-Y Bar Es pachanguero, es básico, pero tras unas copas durante la *happy-hour* en este icónico local para empezar la noche, hasta el más escéptico cambia de opinión. En la puerta se puede pedir una pulsera para entrar gratis al G-A-Y Late o al Heaven y así no perder comba.

Recomendado por Andrew Headspeath, *editor y miembro de la comunidad LGTBIQ+, @thescottipino*

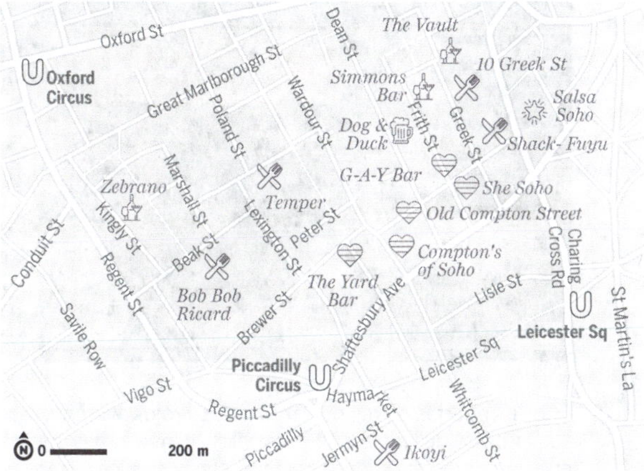

Pág. anterior: interior del Bob Bob Ricard. **Abajo:** Old Compton Street, Soho.

Nigeria está representada por el **Ikoyi,** un restaurante con estrella Michelin que casa bien los sabores de África occidental con los productos de temporada británicos.

El corazón LGTBIQ+ de Londres Los alegres rótulos de neón y las banderas arcoíris son solo algunos de los elementos habituales en **Old Compton Street,** famosa por ser un importante centro LGTBIQ+. Aunque la calle es corta, reúne los principales bares y clubes gais de la capital, siempre llenos los fines de semana. Con semejante oferta, incluido el **G-A-Y,** la disco gay más antigua de Londres, se podría pasar toda la noche de bar en bar. Basta con llegar al primero antes de medianoche, pues hay locales que empiezan a no dejar pasar a esa hora por aforo completo.

Por Angela Hui
Angela escribe sobre gastronomía y bebidas en Time Out London. *Es escritora* freelance *y editora doblemente galardonada especializada en tendencias, gastronomía y viajes.* @angelahuii

La evolucionada gastronomía de Chinatown

CONCEPTOS GASTRONÓMICOS CONTEMPORÁNEOS

El número de restaurantes cantoneses en el Chinatown del Soho va a la baja, en favor de establecimientos más especializados en cocina regional china y panasiáticos que atraen a una clientela más joven. Pero, a medida que las cadenas se instalan en la zona, ¿tienen los días contados los establecimientos familiares tradicionales que son la savia de la zona?

De izda. a dcha.: restaurante chino Golden Phoenix; Lacksa medan; helado *ube bilong* en la Mamasons Dirty Ice Cream.

PICTURE CAPITAL/ALAMY STOCK PHOTO ©

Con sus puertas de tejados azulejados y rojos pilares, sus farolillos de lado a lado de la calle y esos aromas que emanan de las pastelerías, restaurantes y carnicerías, es imposible pasar por alto el Chinatown de Londres. Las calles entre Leicester Square y Piccadilly Circus han sido epicentro de establecimientos chinos desde la década de 1960. Pero Chinatown no siempre ha tenido el W1 como código postal. El primer Chinatown se situaba en Limehouse, East London, para atender a los marineros chinos en los muelles georgianos. Tras ser bombardeado en la II Guerra Mundial, muchos inmigrantes chinos que vivían cerca de los muelles tuvieron que reubicarse en la ciudad y abrieron negocios en el entonces sórdido Soho.

Hoy, ante el alza de precios de los alquileres, el cambio de patrones en la inmigración, los gustos cambiantes de los consumidores y una pandemia global, Chinatown sufre una metamorfosis profunda. El que antaño fuera barrio de restaurantes y casas de comidas sobre todo cantoneses se ha diversificado e incorpora una nueva hornada de locales de comida callejera y para llevar, y tiendas de postres, que son más rentables. Pero muchos de estos establecimientos no ofrecen la experiencia de poder comer sentado con la familia y amigos, parte de lo que hacía de Chinatown un lugar tan especial.

Bienvenidos a 'Picoteotown'

Durante mucho tiempo, los restaurantes de Chinatown daban a probar los sabores de Oriente –aunque algo adaptados– a los paladares occidentales. Los restaurantes de banquetes de la vieja escuela y los salones de *dim sum* como el Golden Phoenix, el Joy King Lau y el Golden Dragon, que servían clásicos como cerdo agridulce y aromático pato crujiente, era lo que los clientes pedían.

ARIYANI TEDJO/SHUTTERSTOCK ©

NATHANIEL NOIR/ALAMY STOCK PHOTO ©

Hoy, la diversidad de la gran China y de su cocina, junto a la de sus vecinos del sureste asiático, queda reflejada también en las cartas. En una zona de 0,40 Ha es posible comer un curri *laksa* malasio en el C&R Cafe, unos sándwiches *rou jia mo* de Xi'an en el Food House o un *ube bilog* filipino en el Mamasons, pero también un sencillo arroz cantonés con huevo frito en el Cafe TPT, uno de los pocos *dai pai dongs* hongkoneses que quedan. Aunque aún resistan los restaurantes tradicionales, coexisten con conceptos contemporáneos (gofres hongkoneses, esponjosas tortitas *soufflé* japonesas y *bubble tea* taiwanés de pan de oro y azúcar negro), todo muy de Instagram, que atraen más a comensales jóvenes y adinerados.

El primer Chinatown estuvo en Limehouse, East London, para atender a los marineros chinos en los muelles georgianos.

Con vistas al futuro

Mientras los restaurantes de Chinatown se esfuerzan en atraer clientes, la zona acusa una especie de crisis de identidad y poco a poco se transforma en una réplica de lo que hay en muchos otros barrios chinos occidentales: una fría Disneyland panasiática de cadenas, marcas y tentempiés que ofrecen un poco de todo, de todas partes y para todos los gustos. Haciendo futurología, quizás no se trate de que sobreviva el más fuerte ni siquiera de resucitar viejas glorias, sino de recordar a los londinenses y a los visitantes el por qué siempre ha valido la pena visitar Chinatown: el descubrimiento de nuevos sabores y cocinas, una comida en familia o con amigos, y una conexión compartida con la identidad de la mismísima Gran Bretaña.

Chinatown cambia de cara

Incluso antes de que la pandemia global de la Covid-19 irrumpiera en el 2020, muchos comercios de Chinatown ya estaban atenazados por los elevadísimos precios de alquileres. Los negocios tradicionales y familiares que dependen del dinero que entra en la caja para sobrevivir o que no pueden competir con la innovación de los recién llegados a la zona ahora penden de un hilo o han sido desplazados por grandes cadenas internacionales. Los hay que han echado definitivamente el cerrojo, como el icónico asador cantonés Hung's, y otros que se han trasladado fuera de la zona 1. Ahora se pueden encontrar "mini-Chinatowns" en King's Cross, Angel, Holborn, Aldgate, Lambeth y Victoria, de modo que muchos de los que antaño iban expresamente al Soho para comer chino, apenas tienen ya que salir de casa.

Sugerencias

NO TE PIERDAS...

Té, café y pastel

Söderberg £££

Pastelería sueca minimalista de dos pisos. Sirven bollería de canela recién horneada, sándwiches abiertos, gofres, pastelitos o las famosas albóndigas suecas.

Chez Antoinette £

Alegre restaurante francés en la planta baja del Covent Garden Market Building, con una asombrosa carta que incluye tostadas dulces, tablas de quesos y una rica ensalada de jamón curado.

Biju Bubble Tea Room Soho

Este divertido café taiwanés sirve genuino *bubble tea* a sus muchos incondicionales. Pruébese el Black Cream Tea y el Hong Kong Milk Tea, ambos especiales de la casa.

Cócteles y cervezas

Aqua Nueva

Elegante restaurante especializado en cocina española con un bar con terraza con vistas al centro de Londres. Se puede ir sin reserva pero hay que llegar pronto.

The Rooftop at The Trafalgar St James

Hay sitios más económicos, pero ninguno con sus vistas. Ideal para tomarse una copa tranquila y embobarse con el famoso perfil de Londres, preferiblemente al atardecer.

Opium

Acogedora coctelería en Chinatown que remite al Shanghái de los años veinte. Ocultos tras una puerta de color jade, aguardan dos pisos con varios espacios discretamente iluminados.

The Harp, Covent Garden

Pub galardonado en Trafalgar Square, cerca de la National Gallery, célebre por su ambiente acogedor, servicio intachable y fantástica carta de cervezas.

Shochu Lounge

Bar contemporáneo subterráneo de prestancia rústica dedicado a la cultura japonesa en el centro de Fitzrovia. Los cerezos en flor iluminan este sofisticado espacio, de ambiente relajado. Incluye un *lounge* de narguile.

Espacios verdes

Regent's Park

Uno de los parques más grandes de Londres, precioso y perfecto para huir del asfalto.

St James's Park

Encantador parque de 23 Ha, ideal para sacar fotografías de su lago y encontrar un poco de tranquilidad.

Victoria Tower Gardens

Pequeño espacio verde cerca de lugares históricos como el Parlamento, el Big Ben y la abadía de Westminster, muy a mano en un cálido día de verano.

St James's Park.

Compras terapéuticas

Burlington Arcade

Estas históricas galerías comerciales abrieron en 1819 y se consideran los primeros grandes almacenes de Gran Bretaña. Marcas de súper lujo y moda exclusiva.

Oxford Street

La mayor calle comercial del mundo, con más de 300 tiendas entre Tottenham Court Road y la estación del metro de Marble Arch, de moda a componentes electrónicos.

Liberty

Grandes almacenes de calidad superior en un edificio de seis pisos de falso estilo tudor cerca de Carnaby St. Venden artículos de lujo de algunas de las mayores firmas del mundo.

Carnaby Street

Esta histórica calle nunca pasa de moda. Hay muchas tiendas, independientes y de cadena, pero también la Kingly Court, una zona de restauración de tres pisos con cocinas de todo el mundo.

Cocina internacional

Sketch, Soho £££

Esta curiosa gastro-*brasserie* triunfa por su divertido interiorismo y ambiente encantador. El arte dinamiza los comedores, y el comedor principal se convierte en una animada coctelería por la noche.

Gaucho £££

Asador argentino con fama de servir la mejor carne de Londres. Pertenece a una cadena alabada por la crítica que tiene sucursales por toda la ciudad, pero esta de Piccadilly es su buque insignia.

WILLY BARTON/SHUTTERSTOCK ©

Oxford Circus.

Akoko £££

La mejor cocina de África occidental vía Nigeria en el corazón de Londres, en Fitzrovia, en un local distinguido y sugerente.

Blacklock ££

Animado asador para comer jugosos filetes y hamburguesas en un antiguo burdel, tipo subterráneo, en pleno Soho.

Brasserie Zédel ££

Un pedacito de Francia, eso es lo que es esta elegante *brasserie* dedicada al París de los años treinta. Es famosa por su cocina tradicional francesa y buena relación calidad-precio.

Imperial China ££

Uno de los restaurantes cantoneses más grandes de Chinatown, repartido en dos pisos, dedicado desde 1993 a servir platos chinos típicos y *dim sum*. También tiene salas de karaoke para grupos.

LA CITY (CITY OF LONDON)

HISTORIA | ARQUITECTURA | JARDINES

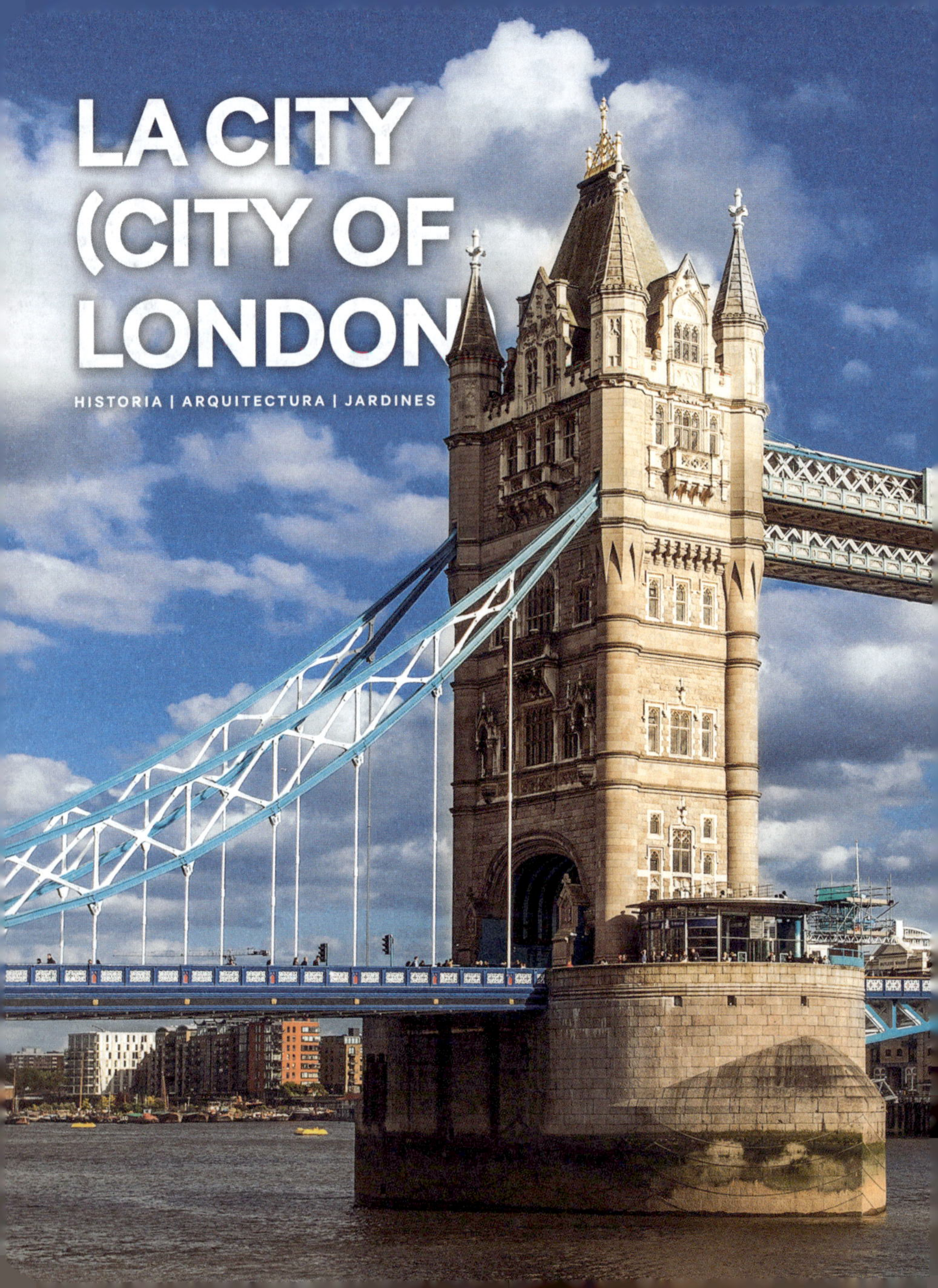

BUTLERS WHARF

LA CITY
Plan de viaje

IMPRESCINDIBLES Y JOYAS OCULTAS

Los principales atractivos de la City son su fascinante historia y su arquitectura atípica. Aquí los rascacielos de cristal son el futurista telón de fondo de ruinas centenarias. Si se escarba un poco más se encontrarán jardines ocultos, iglesias fabulosas y generoso arte público, todo en un barrio muy fácil de explorar a pie, con fantásticos *pubs* para hacer paradas.

Información

Ideal para Arquitectura e historia.

Cómo llegar Con las líneas de metro Central, District, Circle y Northern (también Metropolitan, Waterloo & City, Hammersmith & City, DLR, Thames Clippers).

Cómo desplazarse A pie; es más rápido.

Consejo Ir en fin de semana para evitar aglomeraciones, pero comprobar antes que los bares y restaurantes están abiertos.

Conocer la historia de Londres en el **Museum of London.**
5 min desde la estación de Barbican

Perderse en el laberinto brutalista y en el bonito jardín del **Barbican.**
6 min desde la estación de Barbican

Pedir un cóctel y ver Londres desde el frondoso bosquecillo del **Sky Garden.**
3 min desde la estación de Monument

Competir al tiro con hacha –como los dardos pero a otro nivel– en la **Axeperience.**
3 min desde la estación de Tower Gateway

Profundizar en la historia en la **Torre de Londres** con una visita guiada por los *beefeaters*.
5 min desde la estación de Tower Hill

Inmortalizar el momento desde el **Tower Bridge,** uno de los puentes más famosos y cinematográficos de Londres.
10 min desde la estación de Tower Hill

07 El Londres ROMANO

SUBTERRÁNEA | PECULIAR | ARQUITECTURA

La City se construyó sobre de la romana Londinium, cuyas murallas aún perimetran el distrito. Hay vestigios de la ciudad romana por doquier, pero hay que bajar a los sótanos de los rascacielos para encontrar verdaderos tesoros.

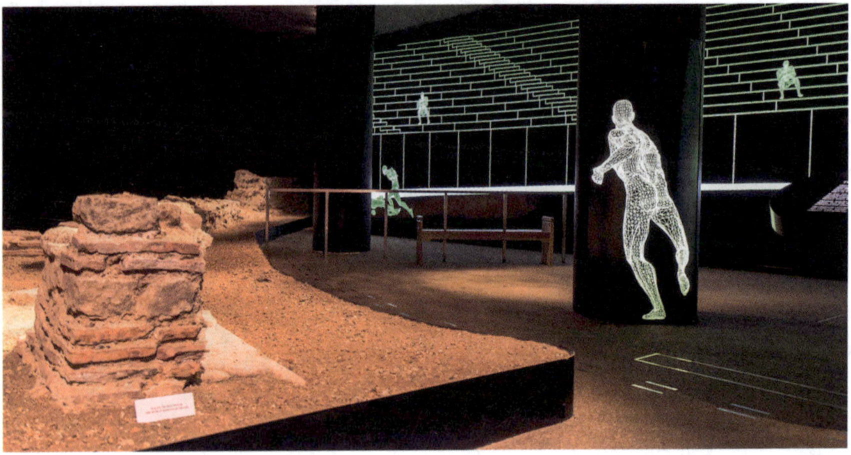

DAVID WILLIAMS/AFP VIA GETTY IMAGES ©

Información

Cómo llegar y desplazarse Se comienza en la estación de metro de Bank/Monument (líneas Central, Northern, Circle, District y Waterloo & City) y se sigue a pie.

Cuándo ir El anfiteatro romano y el London Mithraeum son gratis y abren a diario. La Billingsgate Roman House & Baths solo abre los sábados para visitas guiadas; hay que reservar con tiempo.

Consejo Rastrear el perímetro de Londinium con el London Wall Walk, un circuito autoguiado con 21 paradas que empieza cerca de la estación de metro de Tower Hill.

DANIEL LEAL-OLIVAS/AFP/GETTY IMAGES ©

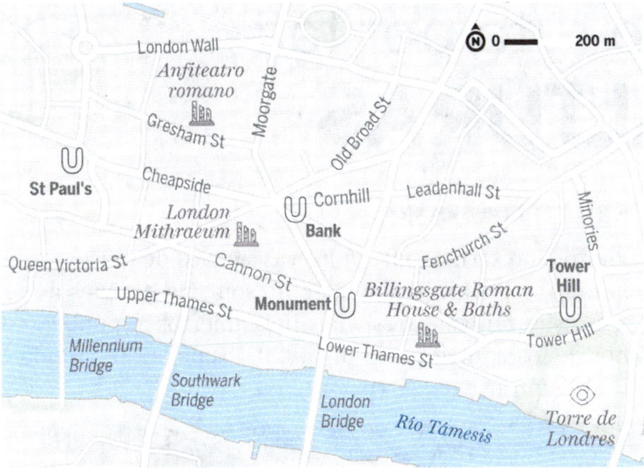

Bajo la inmensa pinacoteca de la Guildhall Art Gallery está el **anfiteatro romano.** Se construyó en madera hacia el año 70. En el s. II se amplió y se reemplazó la madera con piedra molar de Kent. Las partes que se conservan (el túnel de entrada, la puerta oriental y los muros de la arena) son de una versión posterior; una proyección en IGC (imágenes generadas por ordenador) muestra cómo era realmente.

El **London Mithraeum** son los restos reconstruidos de un templo al dios persa Mitra, del s. III, redescubierto en 1954. En su época de culto solo admitía a hombres. Entre los objetos expuestos junto a la entrada destacan dos tablillas de cera; una de ellas detalla una transacción financiera –que al estar debajo de las oficinas de Bloomberg resulta de lo más adecuado– y la otra es uno de los primeros documentos en los que se menciona Londinium. Un espectáculo inmersivo de luz y sonido recrea cada 20 min el templo en funcionamiento.

En los sótanos de un bloque de oficinas, con una entrada trasera muy discreta, está la **Billingsgate Roman House & Baths.** Originalmente una villa romana (aprox. 150), los baños, hoy entre los mejor conservados del Reino Unido, no se añadieron hasta un siglo más tarde. Solo visitas guiadas.

Pág. anterior arriba: Guildhall Art Gallery. **Pág. anterior abajo:** monedas romanas en el London Mithraeum.

Muralla romana

El tramo de muralla romana junto a la estación de Tower Hill es el más antiguo de Londres. Se construyó en el característico estilo que puede verse en todo el Imperio romano: cuatro o cinco capas de piedra, seguido de una de tejas, y después más piedra y tejas que dotan a la muralla de mayor resistencia antisísmica, aunque esta tierra sea poco propensa a los terremotos. La particularidad es que aquí se emplearon materiales locales: piedra molar de Kent extraída del valle del Medway.

Recomendado por el Dr. Simon Elliott, *arqueólogo, historiador y presentador de radio y televisión, Twitter @SimonElliott20*

08 De ruta por las ALTURAS

ARQUITECTURA | CIRCUITO A PIE | FIN DE SEMANA

El perfil urbano de Londres no sería igual sin los rascacielos de curiosos nombres como Gherkin (pepinillo) y Walkie Talkie. Pero no son solo bloques de oficinas. Algunos cuentan con restaurantes, bares y jardines abiertos al público. Esta corta ruta enlaza algunos de los edificios más imaginativos de la City donde se puede hacer algo más que solo mirar hacia arriba.

ARCHITECTS, CHAMBERLIN, POWELL AND BON; JO CHAMBERS/SHUTTERSTOCK ©

Lo más destacado del Barbican

Barbican Water Gardens Rodeados por la arquitectura brutalista del lugar, con cavidades y espacios socavados para sentarse.

St Giles Cripplegate Iglesia medieval que sobrevivió al Gran Incendio de Londres de 1666.

Barbican Highwalk Una pasarela elevada rodea la propiedad.

Consejos de Richard Vines, *periodista y residente del Barbican, @richardvines*

Información

Cómo llegar Desde la estación de Bank/Monument (líneas Central, Northern, Circle, District y Waterloo & City), o Aldgate (líneas Circle y Metropolitan) si se emprende el circuito al revés.

Cuándo ir En fin de semana, mejor por la mañana, más tranquilo; los jueves por la tarde está a reventar.

Consejo El Walkie Talkie y el Gherkin tienen un panorámico restaurante y bar en el último piso. Para visitar el Gherkin hay que reservar con tiempo e identificarse. El Sky Garden, del Walkie Talkie, se puede visitar gratis.

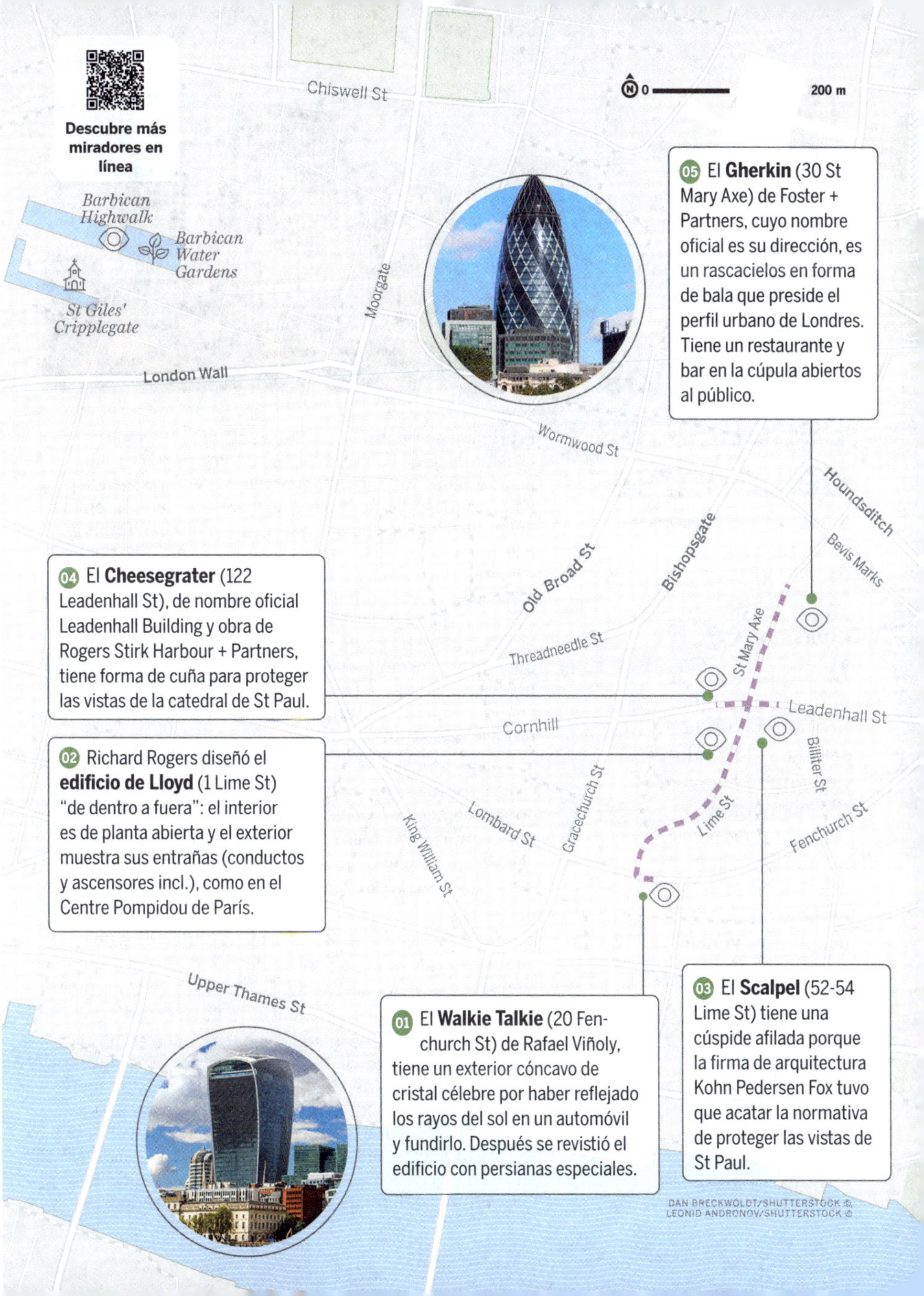

05 El **Gherkin** (30 St Mary Axe) de Foster + Partners, cuyo nombre oficial es su dirección, es un rascacielos en forma de bala que preside el perfil urbano de Londres. Tiene un restaurante y bar en la cúpula abiertos al público.

04 El **Cheesegrater** (122 Leadenhall St), de nombre oficial Leadenhall Building y obra de Rogers Stirk Harbour + Partners, tiene forma de cuña para proteger las vistas de la catedral de St Paul.

02 Richard Rogers diseñó el **edificio de Lloyd** (1 Lime St) "de dentro a fuera": el interior es de planta abierta y el exterior muestra sus entrañas (conductos y ascensores incl.), como en el Centre Pompidou de París.

01 El **Walkie Talkie** (20 Fenchurch St) de Rafael Viñoly, tiene un exterior cóncavo de cristal célebre por haber reflejado los rayos del sol en un automóvil y fundirlo. Después se revistió el edificio con persianas especiales.

03 El **Scalpel** (52-54 Lime St) tiene una cúspide afilada porque la firma de arquitectura Kohn Pedersen Fox tuvo que acatar la normativa de proteger las vistas de St Paul.

Por Chris Rogers
Chrises, autor e historiador de arquitectura y cultura visual residente en Londres.
chrismrogers.net

Los rascacielos escondidos de Londres

LA PRIMERA GENERACIÓN, ECLIPSADA AUNQUE TODAVÍA IMPRESIONANTE

La construcción de edificios altos que no fueran para la Iglesia o el Estado no empezó hasta la década de 1930, y tuvieron que pasar 20 años más para que los rascacielos empezaran a despuntar. Venciendo barreras legales, una geología inestable y el conservadurismo arquitectónico, estos pioneros aún son peculiares e intrigantes.

De izda. a dcha.: Shell Office; London Hilton; torre residencial Hyde Park Barracks.

CKTRAVELS.COM/SHUTTERSTOCK ©

El primero en alcanzar una altura solo antes lograda por la catedral de St Paul, fue el Shell Centre, de 107 m y 27 pisos en el South Bank. Inaugurado en 1962 y diseñado por Howard Robert como la pieza central de un campus empresarial, fue el bloque de oficinas más alto de Gran Bretaña. Fue polémico por esta razón (Shell, en un gesto de buena voluntad, dejó las luces encendidas en algunos despachos varias noches para emular un árbol de Navidad gigante) y por la piscina, el cine y las tiendas de debajo para los empleados, y su factura neoclásica no agradó a todos los críticos. No obstante, el mirador público, las esculturas al fresco y las instalaciones para el personal demostraron que era un visionario, y su arquitectura con piedra de Portland ha envejecido bien.

Unas semanas más tarde, se completó la Vickers Tower, más alta (118 m), en la otra orilla, para el renombrado conglomerado de ingeniería británico Vickers; y, claro, tenía que ser más radical. Un porte encorsetado o entallado generó dos fachadas convexas y dos cóncavas, que fueron revestidas con un muro acristalado a modo de cortina y con parteluces de acero para acentuar su verticalidad. El póster que Pat Keely hizo para el metro ese año mostraba un etéreo rascacielos en el Támesis descaradamente inspirado en el edificio de Ronald Ward & Partners. Conocido como la Millbank Tower, es uno de los mejores de su época.

El London Hilton se inauguró en Park Lane en 1963. Era el segundo hotel de la cadena fuera de EE UU y combinaba el prestigio de Mayfair con el glamur estadounidense. De esa colaboración transatlántica entre Lewis Solomon Kaye & Partners y William B Tabler Architects resultó una torre de 123 m en forma de Y, con balcones encarados a Hyde Park y, en las intersecciones de las alas, ventanas doradas y negras de aluminio anodizado y

WILLY BARTON/SHUTTERSTOCK ©

CERI BREEZE/ALAMY STOCK PHOTO ©

veloces ascensores Otis. Las habitaciones tenían grifos con agua helada y trampillas que se abrían con llave para el servicio de limpiabotas, mientras el interior contemporáneo de Hugh Casson del Roof Restaurant contrastaba con el Trader Vic's de falso estilo polinesio en el podio.

Al doblar la esquina, Basil Spence bregó en los años sesenta por encajar nuevos establos, comedores, una plaza de armas y alojamiento en el largo y estrecho emplazamiento de los Household Cavalry's Hyde Park Barracks (cuartel de la Caballería de Hyde Park). Para las dependencias de otros rangos casados, creó una torre, como respuesta pragmática y contrapunto arquitectónico. Finalizada en 1970, esta torre cuadrada tiene 94 m, con cuatro pisos por planta y pistas de *squash* y terrazas en la azotea. Algunos ven el remate de aletas de hormigón el casco de un soldado de la Guardia Real, y otros, una pieza de ajedrez, donde el rey complementa a la reina del Hilton.

> Shell dejó las luces encendidas en algunos despachos durante varias noches para emular un árbol de Navidad gigante.

Aún más prolongado fue el parto de la National Westminster Tower en Square Mile. Proyectado 20 años antes por uno de los predecesores del banco como un par de edificios más bajos y convencionales, el único rascacielos de 183 m, totalmente tecnológico, que al final se inauguró en 1981 fue de R Seifert & Partners. Tres 'hojas' poligonales salían en voladizo de un núcleo de hormigón armado, tal y como se ve a pie de calle, y ascensores de dos pisos con intercambios en un vestíbulo intermedio ahorraban espacio. Un robot limpiaba el revestimiento vidriado de bronce entre parteluces de acero inoxidable. Fue el edificio más alto de Gran Bretaña hasta el desarrollo del Canary Wharf.

Visionario en los años cincuenta

Tras las objeciones que puso la Casa Real a las Queen Anne's Mansions, de 14 pisos, que daban al palacio de Buckingham, la altura habitable en los futuros edificios de la capital se limitaría a 24,4 m por una ley de 1894 que no se derogó hasta 1956. Se creía que la arcilla, que cualquier jardinero londinense conocía bien, no era capaz de soportar nada más alto hasta que el ingeniero civil Alec Skempton, un experto en mecánica de suelos, demostró en un artículo académico de 1959 que la fricción agarraba con suficiente firmeza los pilotes de hormigón perforado. Y aunque las torres de cristal de estilo racionalista (International Style) eran demasiado radicales para la mayoría de clientes y arquitectos británicos, la Lever House de Nueva York de 1952 ejerció su influencia.

09 JARDINES ocultos

INESPERADO | VERANO | NATURALEZA

Con tantos rascacielos, cuesta imaginarse la City como un espacio verde, pero hay jardines y patios en sitios inesperados, donde los oficinistas almuerzan y los turistas pueden ver otra cara del barrio; solo hay que saber dónde buscar.

ARCHITECT: RAFAEL VIÑOLY DRIMAFILM/SHUTTERSTOCK ©

Información

Cómo llegar Bank/ Monument (líneas Central, Northern, Circle, District y Waterloo & City) o la estación de trenes de Fenchurch Street (National Rail).

Cuándo ir Todo el año, aunque algunos lucen mejor en verano. Entre semana siempre están más tranquilos, salvo para la hora punta del almuerzo.

Consejo Docenas de jardines, patios y espacios verdes se esconden por callejones medievales y entre los rascacielos. Muchos no están indicados, pero en la mayoría hay bancos para sentarse y disfrutar del almuerzo.

JONATHAN HOSEANA/SHUTTERSTOCK ©

Pág. anterior arriba: el Sky Garden del edificio Walkie Talkie. **Pág. anterior abajo:** el St Dunstan-in-the-East.

El **Sky Garden** ocupa las tres últimas plantas (pisos 35-37) del edificio Walkie Talkie. Es como un invernadero gigantesco, con plantas exóticas que crean una suerte de pluvisilva en terrazas escalonadas, y hay una galería exterior con vistas al sur sin parangón. Acogen dos restaurantes y tres bares. Aunque gratis, hay que reservar; hay un cupo de entradas semanal.

Cerca está **The Garden at 120,** un jardín en la planta 15 del edificio Fen Court con una fuente arquitectónica, frutales y glicinias. No es tan alto como el del Walkie Talkie, pero también tiene barreras de cristal con vistas de 360º de Londres. Entrada por orden de llegada, sin reserva.

A ras de suelo, el **St Dunstan-in-the-East** es fabuloso todo el año. La iglesia del s. XII quedó tocada por el Gran Incendio de Londres de 1666 y prácticamente destruida por un bombardeo aéreo en 1941. Hoy la vegetación tapiza sus arcos góticos.

En verano, hay que ir al **Christchurch Greyfriars Church Garden** para ver las rosas en flor, plantadas donde estuvieron los bancos de la iglesia original.

Más espacios verdes

Hay que cruzar varias puertas discretas de iglesias para descubrir el jardín interior de **St Vedast-alias-Foster.** Es bastante pequeño, con un único árbol central que lo hace aún más recóndito.

El **Postman's Park** es precioso en verano, cuando las flores explotan de color. Además, es uno de los jardines más grandes y cuenta con un monumento en recuerdo a los héroes locales.

En invierno hay que ir a los **St Alphage Gardens.** Parecidos al St Dunstan-in-the-East, cuando las hojas desaparecen, se ven las ruinas de la iglesia de St Alphage y parte de la muralla romana.

Consejos de Katie Wignall, *guía turística Blue Badge Tourist Guide, Instagram @look_uplondon*

10 Dentro de la Torre de LONDRES

FAMILIA | HISTORA | DIVERTIDO

Con una historia casi milenaria, la Torre de Londres es el imponente palacio-fortaleza que custodia la entrada oriental a la City. Esta atracción familiar –la preferida de los turistas– permite descubrir mitos y leyendas, conocer a reyes y reinas del pasado y ver las resplandecientes Joyas de la Corona (Crown Jewels).

Información

Cómo llegar Tower Hill (Circle, District, DLR, Thames Clippers).

Cuándo ir Mejor llegar temprano y dedicarle todo el día; hay que evitar las vacaciones escolares.

Precio Adultos/niños desde 28,90/14,40 £

Consejo Eventos especiales como la Ceremony of the Constable's Dues, las salvas de cañón y las visitas guiadas al atardecer se celebran varias veces al año.

Participar en una visita guiada Se recomienda empezar con un circuito gratis de 1 h por los lugares destacados con un *yeoman warder* (guardia real) o *beefeater*. Históricamente estos guardianes eran los escoltas del monarca. Incluso hoy son exmilitares. Y como viven en el recinto con sus familias, no hay mejores guías. La alternativa es reservar un circuito privado para conocer más secretos de la torre; estos circuitos, pensados para grupos, son bastante caros, pero visitan zonas a menudo cerradas al público, como la celda donde estuvo Tomás Moro antes de su ejecución en 1535.

Joyas y cuervos No hay que perderse las Crown Jewels –a primera hora para evitar

Pág. siguiente arriba: un *yeoman warder*. **Pág. siguiente abajo:** las Joyas de la Corona.

CHRIS DORNEY/SHUTTERSTOCK ©

JOSEPH M. ARSENEAULT/SHUTTERSTOCK ©

Ceremonia de las llaves

Durante este acto, que se celebra cada noche desde hace 700 años, un *yeoman warder* cierra y asegura las puertas exteriores e interiores de la Torre acompañado de la guardia. Desde 1826, la ceremonia empieza puntualmente a las 21.53. Hay que reservar la entrada con antelación.

Consejo de Pete McGowran, *Jefe de los* yeoman warder, *@TowerOfLondon*

colas–, aunque hay quien piensa que las verdaderas joyas son los cuervos que viven en el recinto. Cuenta la leyenda que si los seis cuervos residentes abandonan la Torre, esta y el reino se derrumbarán. Esto nunca se ha comprobado, pero siempre hay algún cuervo de más por si acaso.

Sorpresas ocultas Aparte de los reclamos clave, la Torre también depara algunas sorpresas. Al entrar por la Byward Tower, a la izquierda hay que fijarse en un ladrillo de cristal que contiene una falsa mano humana que se puso como broma. O la farola que hay junto al New Armouries Café, que es un cañón reconvertido. Hay incluso un *pub* en el recinto reservado para los *beefeaters* y sus invitados.

11 Trasiego por 'pubs' HISTÓRICOS

'PUBS' | CIRCUITO A PIE | HISTORIA

Las vigas de madera de los *pubs* más antiguos de Londres han soportado de todo. Los hay del s. XVII y otros que han sido reconstruidos fielmente según el original. Este itinerario permite conocer las historias que esconden estos lugares al calor de una pinta bien fresca.

CHRIS LAWRENCE TRAVEL/SHUTTERSTOCK ©

London Gin Distillery

La locura de la ginebra retratada por el pintor inglés William Hogarth se apoderó de Londres a principios del s. XVIII. La legislación posterior sobre este licor obligó a cerrar todas las destilerías. En el 2012, la **City of London Distillery** fue la primera destilería nueva que abrió en la zona en casi 200 años. Para probar –y elaborar– una ginebra a medida hay que reservar con tiempo.

Información

Cómo llegar A pie desde la estación de Holborn (línea Central), o desde la de Bank/Monument (líneas Central, Northern, Circle, District y Waterloo & City) si se hace la ruta al revés.

Cuándo ir Los jueves por la tarde están a reventar y también a diario para el almuerzo, pero eso les da más ambiente. Casi todos cierran los domingos.

Consejo Algunos se reconstruyeron el siglo pasado y combinan elementos arquitectónicos de varias épocas.

01 Cittie of Yorke se construyó en la década de 1920 allí donde había habido un *pub* desde 1430. Se puede elegir un reservado para un ambiente más especial.

02 Reconstruido en 1667 después del Gran Incendio de Londres, el **Ye Olde Cheshire Cheese** es un *pub* acogedor, con paneles de madera oscura; muy dickensiano.

03 Construido para los albañiles por sir Christopher Wren a finales del s. XVII, la **Old Bell Tavern** da al cementerio de St Bride's Church por detrás.

04 Otro *pub* construido por Wren para hospedar a los albañiles, en el **Ye Olde Watling** es, al parecer, donde se dibujaron los planos de la catedral de St Paule.

05 La **Jamaica Wine House** se fundó como cafetería y la frecuentaban los mercaderes que comerciaban con el Caribe en el s. XVII . Se rehabilitó como *pub* en 1885.

CHRISPICTURES/SHUTTERSTOCK ©

LA CITY
en la TV y el cine

01 Millenium Bridge
Desde su inauguración en el 2000, este puente colgante peatonal ha aparecido en muchas películas, incluidas *28 semanas después* (2007) y *Guardianes de la galaxia* (2014).

02 Catedral de St Paul
La silueta de San Pablo es muy de Londres, pero películas como *Misión: impossible: Fallout* (2018) muestra su impresionante interior.

03 The Old Bailey
Un juzgado de lo penal de día, el Old Bailey voló por los aires en *V de Vendetta* (2005) y fue ocupado por terroristas en *Liga de la justicia* (2017).

04 Priory Church of St Bartholomew the Great
St Barts, una de las iglesias más antiguas de Londres, también es la iglesia de San Julián en *Cuatro bodas y un funeral* (1994).

05 Leadenhall Market
Este colorido mercado aparece en *Lara Croft: Tomb Raider* (2001) y en *Harry Potter y la piedra filosofal* (2001).

06 Tower Bridge
Uno de los puentes más cinematográficos, que también aparece al final de la 3ª temporada de la serie de TV *Killing Eve*.

07 Barbican
Este complejo aparece en *Quantum of Solace* (2008) como los cuarteles del MI6 y también sale en la serie *The One* (2021) de Netflix.

Sugerencias

NO TE PIERDAS...

Paradas esenciales

Smithfield Market

El mercado de carne más antiguo y grande del país tiene una arquitectura interesante de la década de 1860. Mejor ir antes de las 7.00 para verlo en plena acción.

41 Cloth Fair

Esta modesta finca, construida entre 1597 y 1614, es la única que sobrevivió al Gran Incendio de Londres de 1666, así que es la casa más antigua de la City.

The Royal Exchange

Comercios y restaurantes de lujo en un edificio señorial de 1844. La primera Bolsa, en esta misma ubicación, fue inaugurada por la reina Isabel I en 1566.

Chuletones y vistas

Goodman £££

Asador de estilo neoyorquino con paneles de madera y bancos corridos de cuero. Chuletones caros pero de primera y carta de vinos. Muy popular para almuerzos de negocios.

Hawksmoor Guildhall ££

Esta pequeña cadena ofrece buenos chuletones y hamburguesas excelentes. Esta sucursal es especialmente popular por servir cócteles para acompañar las frituras a la hora del desayuno.

Duck & Waffle ££

Llamado como su plato estrella, este restaurante que abre las 24 h regala unas vistas dilatadas de Londres desde el piso 40. Fantástico para un brunch de fin de semana y popular para desayunar al amanecer.

Madison £££

Restaurante de categoría con vistas privilegiadas de la catedral de St Paul. Se recomienda reservar mesa en el bar de la terraza, solo para copas. También hay noches con conciertos y DJ.

Yauatcha £££

Elaborados y vistosos *dim sum* cantoneses del grupo Hakkasan; además, tiene una pastelería, vistas maravillosas de Broadgate Circle y una terracita en la azotea.

Koya £

Fideos *udon* japoneses en la Bloomberg Arcade con mesas en las galerías. Frecuentado por los trabajadores de la City.

City Social £££

Restaurante gastronómico y bar del chef Jason Atherton, con estrella Michelin. Está en el piso 24 de la Tower 42, con vistas en primer plano del Gherkin.

Jin Bo Law Skybar £

El bar del piso 14 del Dorsett City Hotel está encarado a la City. Terraza muy solicitada en verano.

Lado oeste del Smithfield Meat Market.

Iglesias con secretos

All Hallows by the Tower

Es la iglesia más antigua de la City (del año 675), con una cripta que esconde un tramo de calzada romana del s II.

Iglesia de St Bride

Célebre por su chapitel, esta iglesia, obra del reconocido Christopher Wren, cerca de Fleet St, tiene un museo en la cripta.

St Stephen Walbrook

Poco prometedora por fuera, su interior luce una magnífica cúpula de Christopher Wren, supuestamente, la precursora de St Paul.

Una dosis de cultura

Barbican Centre

Un lugar polivalente en pleno complejo del Barbican que incluye un cine, un teatro y una galería de arte. Siempre hay exposiciones gratis, pero para los espectáculos hay que comprar la entrada con tiempo.

St Mary-le-Bow

Otra iglesia de Wren, aunque reconstruida por el arquitecto Laurence King, que programa regulares recitales de órgano al mediodía así como conferencias y mesas redondas de lo más variado.

Bank of England Museum

Museo interactivo y familiar con muchas exposiciones interesantes donde se puede conocer la historia del banco y su actualidad.

Museum of London

Museo apto para toda la familia para conocer la historia de Londres. El mejor lugar para ver objetos romanos.

KIT LEONG/SHUTTERSTOCK ©

Interior de la All Hallows by the Tower.

¡A competir!

Baranis

Acogedor bar subterráneo con una pista de petanca (las bolas se facilitan). Se puede jugar y, de paso, tomarse unos cócteles con hierbas aromáticas.

Swingers

Enorme y disparatado campo de golf con dos recorridos a medida, puestos de comida y bares. Más divertido en grupos pequeños.

Axeperience

Tiro de hachas de 600 gr. Hay monitores por seguridad y para mejorar la técnica. Popular para citas por la noche.

Paseos a medida

Sculpture in the City

Un "parque escultórico" que utiliza la Square Mile (la City) para sus instalaciones. El tema y la ubicación de las piezas cambia cada año.

City Trees

Hay 70 especies de árboles en el denso entorno urbano de la City. Para trazarse un itinerario, utilícese Tree Talk *(treetalk.co.uk)*.

SOUTH BANK

TREPIDANTE | 'GOURMET' | DIVERSIÓN EN FAMILIA

alpine deli

SOUTH BANK
Plan de viaje

IMPRESCINDIBLES Y JOYAS OCULTAS

Conocido por sus eclécticos espacios de arte y teatros que compiten con el West End, el barrio de South Bank es también el de los mercados de alimentación. Además, hay muchas cosas que hacer gratis y una vasta oferta de atracciones familiares, todo lo cual lo convierte en perfecto para un día de lluvia.

Información

Ideal para Comida y cultura.

Cómo llegar Estaciones de Northern, Jubilee, National Rail (también Waterloo & City, Bakerloo, Thames Clippers).

Cómo desplazarse Mejor a pie, pero en metro de Waterloo a London Bridge.

Consejo Estar atento a festivales y otros eventos especiales. En verano hay teatro y conciertos gratis, y en invierno, el mercado de Navidad.

Imaginarse que se está junto al mar en la **Thames Beach** o sumarse a los buscadores de tesoros en la orilla.
10 min desde la estación de Southwark

Asistir a una función en el **Shakespeare's Globe,** donde las obras del Bardo se actualizan constantemente.
3 min desde la Tate Modern

Participar en un circuito a pie con **Unseen** para ver Londres de otra manera.
Punto de encuentro cerca del London Bridge

Comprar bonitos *souvenirs* y tomar un café o almorzar en **Gabriel's Wharf.**
10 min desde la estación de Waterloo

Aprender a hacer bollos rellenos de crema en la panadería Bread Ahead en el **Borough Market.**
4 min desde la estación de London Bridge

Tomarse un cóctel y disfrutar de las vistas de Londres en el **GǑNG,** el bar de hotel más alto de Europa, en el Shard.
5 min desde el London Bridge

12 Mercados del SOUTH BANK

COMIDA | MERCADOS | CIRCUITO A PIE

Puede que el Borough Market sea el mercado de abastos más famoso del South Bank, pero en el barrio se encontrarán muchos más puestos con comida de todo el mundo. Este itinerario cruza la zona, desde la mañana hasta la noche, y además con espectáculos en vivo. Hay que ir con hambre y preparado por si llueve.

LOOP IMAGES LTD/ALAMY STOCK PHOTO ©

Información

Cómo desplazarse Waterloo (Northern, Jubilee, Bakerloo, Waterloo & City, National Rail), o London Bridge (Northern, Jubilee, National Rail, Thames Clippers) si se hace el itinerario al revés.

Cuándo ir Todos los mercados abren los viernes y tienen bares que atienden hasta tarde, salvo el Lower Marsh Market, que cierra a las 15.00 (lu-vi). Mejor empezar al mediodía y, para asegurarse, comprobar los días y horarios de cada mercado.

Consejo Hay mercadillos en el Lower Marsh Market (sa) y el Vinegar Yard (sa y do) los fines de semana.

Las mejores cafeterías

Roasting Plant Coffee (4 Borough High St) Café de primera con grano siempre recién tostado.

Origin Coffee (84 Scoresby St) Cafetería con certificado de B Corp y un interiorismo digno de Instagram.

Four Corners Cafe (12 Lower Marsh) Cafés *gourmet* servidos en un espacio *kitsch*.

01 Los vendedores de frutas, verduras y de comida callejera forman el grueso del **Lower Marsh Market,** uno de los más antiguos de Londres, pero también hay artesanía.

02 **Between the Bridges** cuenta con la mayor zona de copeo al aire libre de Londres, con puestos de comida, sesiones regulares de DJ y otros eventos. El pollo frito glaseado con guayaba de El Pollote está que se sale.

03 Los puestos de alimentación del **Southbank Centre Food Market** siempre cambian, pero las *pizzas* del Dough Bros nunca fallan.

04 Restaurantes y puestos de alimentación comparten espacio en **Flat Iron Square** por lo que siempre hay mucho donde elegir. También hay música en directo.

05 Frecuentados por oficinistas, los puestos de comida permanentes del **Vinegar Yard** incluyen el Baba G's, cuya especiada Bhangra Burger es muy popular.

13 El adictivo Borough MARKET

COMIDA | EXPERIENCIAS | COMPRAS

El mercado de Borough es una algarabía de puestos de comida callejera, tenderos, bares y restaurantes, pero además de comer y beber también se puede aprender a hacer salchichas o bollos rellenos de crema y así llevarse a casa algo más que buenos recuerdos.

51NORTH/ALAMY STOCK PHOTO ©

Información

Cómo llegar London Bridge (Northern, Jubilee, National Rail, Thames Clippers).

Cuándo ir Casi todos los comerciantes cierran los domingos. Las actividades hay que reservarlas con tiempo.

Consejo Si se compra algo de comer, no hay que zampárselo deprisa y corriendo sentado en una acera. En el cruce de Bedale St y Borough High St hay un espacio cercado con asientos. También se puede caminar hasta Bankside y sentarse junto al Támesis, con vistas ilimitadas al perfil urbano de Londres.

CRISTINA.A/SHUTTERSTOCK ©

Hay que saltarse la cola de los bollitos de **Bread Ahead** y entrar directamente en la panadería de al lado donde se puede aprender a elaborar estas delicias. En solo 2 h, se saldrá con una bolsa pequeña de *custard grenades* (bollitos rellenos de crema) hechos por uno mismo. También imparten cursos de medio día, un día entero o de varios días especializados en panes y bollería; las plazas se agotan con un mes de antelación.

Si no importa ponerse un poco perdido, se puede ir al **The Ginger Pig.** Esta extraordinaria carnicería ofrece un curso para elaborar salchichas en su tienda del Borough Market. Antes de utilizar la picadora y la embutidora, se aprenden algunas nociones básicas para la elaboración de salchichas, desde dar con la proporción exacta de carne magra y grasa hasta aliñar la mezcla al punto.

El **Bedales of Borough Market** es una vinatería, bar y bistró todo en uno. Se ofrece una cata autoguiada de vinos (reservas mín. 36 h antes) con un *prosecco* y tres vinos de mesa, acompañados con pan de masa madre recién horneado y olivas. Se facilita un folleto de catas. La excusa perfecta para probar antes de comprar.

Pág. anterior arriba: Spice Mountain. **Pág. anterior abajo:** mostrador de Bread Ahead.

Tiendas del Borough Market

Spice Mountain *(spicemountain.co.uk)* Fabulosos frascos con especias, mezcladas o no.

Oliveology *(oliveology.co.uk)* Bolsitas con maravillosas hierbas aromáticas griegas.

From Field & Flower *(fromfieldandflower.co.uk)* Surtidas y deliciosas mieles.

Food & Forest *(foodandforest.co.uk)* Frutos secos crudos, tostados o dulces, todos de origen sostenible.

Borough Kitchen Cook Shop *(boroughkitchen.com)* De quedar espacio en la maleta, cómprese un ejemplar de *The Borough Market Cookbook* de Ed Smith, o *Borough Market: Edible Histories* de Mark Riddaway.

Recomendado por Angela Clutton, *escritora gastronómica* freelance *y anfitriona del Borough Market Cookbook Club,* *@angela_clutton*

14 Descubrir vibrante ARTE URBANO

GRAFITI | AIRE LIBRE | EXPLORAR

Con galerías tan consolidadas como la Tate Modern, el arte urbano del South Bank suele pasar más desapercibido. Pero si se sabe dónde ir, hay arte que compite con el de Shoreditch. Aunque aquí las obras están más desperdigadas y hay que abrir bien los ojos porque se encuentra de todo, desde murales cautivadores hasta mosaicos diminutos.

BAILEY-COOPER PHOTOGRAPHY/ALAMY STOCK PHOTO ©

Información

Cómo llegar Waterloo (Northern, Jubilee, Bakerloo, Waterloo & City, National Rail), o London Bridge (Northern, Jubilee, National Rail, Thames Clipper) si se hace la ruta al revés.

Antes de ir Visitar *streetartbio.com* para conocer a los artistas y su obra.

Consejo Obras de artistas consolidados como Banksy aparecieron años ha en el South Bank, pero la misma naturaleza de estas piezas hace que no duren mucho porque las roban o pintan encima. Es por ello que siempre vale la pena volver a los mismos lugares, quizás con un mural diferente.

CHAMELEONSEYE/SHUTTERSTOCK ©

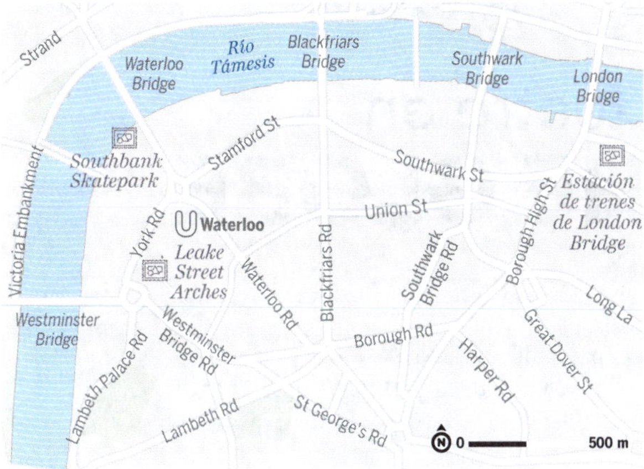

El **Leake Street Arches** es el centro de arte urbano más conocido de Londres. Este túnel ferroviario estuvo mucho tiempo abandonado hasta que Banksy organizó el primer Cans Festival aquí en el 2008. Desde entonces, se ha convertido en un multiespacio con teatros, sala de conciertos y restaurantes, al que se accede por el túnel pintado alegremente con aerosol. Siempre hay obras de arte en curso y, a veces, eventos participativos.

Debajo del Southbank Centre está el **Southbank Skatepark,** un espacio público a menudo considerado el centro neurálgico del *skateboard* británico. Los *skaters* lo utilizaron durante más de 40 años hasta que en el 2019 fue reformado y ampliado tras una campaña pública para rescatarlo de su reurbanización. Ahora presenta el mayor conjunto de *tags* y *throw-ups* de todo el South Bank.

De paseo junto al río desde Waterloo al London Bridge se puede ver arte urbano cerca de cada puente. Conviene fijarse en los coloristas murales en paredes de referencia y pequeños mosaicos más arriba. La mayor concentración está en los arcos de la **estación de trenes de London Bridge,** que, a diferencia del Leake Street Arches y del Southbank Skatepark, cuenta con obras mucho más dispersas, o sea, que en esta sección es donde es más fácil perderse.

Pág. anterior arriba: Leake Street Arches. **Pág. anterior abajo:** Southbank Skatepark.

Illuminated River

Este ambicioso proyecto de arte público *(illuminatedriver.london)* comunica el este de Londres con el oeste. La idea es dotar a 15 puentes, desde el Tower Bridge, al este, hasta el Albert Bridge, al oeste, con luces LED de colores que iluminen sus estructuras por la noche. La idea del proyecto fue del artista estadounidense de la luz Leo Villareal, quien dio una secuencia única a cada puente para realzar sus trazos. Ya se han completado nueve; solo hay que pasear junto al Támesis por la noche.

Para saber más, se ofrece también un programa de eventos alrededor de los puentes, incluidos cruceros especiales por el río, circuitos guiados a pie y mágicas salidas nocturnas guiadas en kayak.

15 Al teatro en THE GLOBE

TEATRO | VERANO | AIRE LIBRE

A orillas del río Támesis, el Shakespeare's Globe borda el papel de corrala tudor, con su tejado de paja, estructuras de madera y patio abierto donde solo se puede estar de pie, expuesto a las inclemencias del tiempo. Ver una obra de teatro en el patio, cual isabelino medio, es una experiencia única, pero asistiendo a una producción del s. XXI.

Información

Cómo llegar Bankside (Thames Clippers) o a un corto paseo desde London Bridge (Northern, Jubilee).

Cuándo ir Las funciones de noche son más evocadoras, pero en las matinales hay menos gente.

Precio A partir de 5 £.

Duración Más de 1½ h. No todas las funciones tienen entreacto.

Consejo Estar preparado para cualquier clima, aunque se esté sentado. En el patio no se puede abrir el paraguas; mejor llevar un impermeable.

El Shakespeare's Globe es en realidad dos teatros en uno: el **Globe Theatre** (al aire libre, solo en verano) y el **Sam Wanamaker Playhouse** (interior, todo el año). Aunque los dos valen la pena, el Globe es más shakespeariano y mucho más asequible, lo que lo hace ideal para una primera visita.

The Globe solo programa obras de Shakespeare, aunque reinterpretadas para un público actual, o sea, con muchas canciones, coreografías y efectos especiales, acompañadas de música en

Pág. siguiente arriba: función de *La tempestad* por los actores de Lions Part. **Pág. siguiente abajo:** exterior del Globe Theatre.

PADMAYOGINI/SHUTTERSTOCK ©

RON ELLIS/SHUTTERSTOCK ©

El tercer Globe

El actual Globe Theatre se terminó en 1997 y presenta muchos elementos de la época isabelina, como un genuino tejado tudor de paja. El teatro original estaba cerca, a una calle del río. Cuando se quemó en 1613, se construyó otro en su lugar, pero se cerró por orden del Parlamento en 1642 cuando empezó la Guerra Civil inglesa.

directo. Casi todos los espectáculos son para todos los públicos, aunque como las funciones nocturnas terminan tarde, no se recomienda ir con niños muy pequeños. Algunos espectáculos cuentan con intérpretes de lenguaje de signos británico o audiodescripción; se indica al comprar las entradas.

El patio es el lugar más económico, y el más divertido. Se está en pleno meollo cuando los actores interactúan con el público y hasta corretean entre el respetable. Aquí el espectador puede desplazarse para tener otra perspectiva o incluso una vista mejor, como se hacía en época de Shakespeare. Y si alguien se cansa, solo hay que buscar un lugar al fondo del patio, donde es de rigor apoyarse en la barandilla.

16 Vistas gratis de LONDRES

PAISAJES | ARQUITECTURA | GRATIS

Aunque la City está llena de rascacielos, las mejores vistas del perfil urbano de Londres se obtienen desde el lado sur del río. Hay muchos lugares con vistas privilegiadas a lo largo del Támesis, algunos a cierta altura y otros al borde del agua. Y sin tener que pagar nada.

Información

Cómo llegar Waterloo (Northern, Jubilee, Bakerloo, Waterloo & City, National Rail) o London Bridge (Northern, Jubilee, National Rail, Thames Clipper).

Cuándo ir Fantástico todo el año, pero mejor al amanecer, al atardecer o de noche.

Consejo En lugar de un crucero por el río, tómese uno de los Thames Clippers. Estas embarcaciones van de Putney a Woolwich pero el tramo más interesante está en la zona central. El RB2 recala en muelles del South Bank.

Para tener unas vistas casi sin obstáculos de la ciudad, solo hay que cruzar el **Westminster Bridge** que regala vistas del Parlamento que suelen verse en las películas. De los dos **Golden Jubilee Bridges,** el de río arriba tiene unas vistas algo mejores, sobre todo del London Eye cuando se camina de norte a sur. Para una panorámica perfecta río abajo, hay que ir al **Waterloo Bridge** y cruzarlo hasta un poco más de la mitad.

Y para vistas de altura, hay un mirador poco conocido en la planta 8 de la **Oxo Tower,** junto al restaurante. Desde

Pág. siguiente arriba: Big Ben. **Pág. siguiente abajo:** el perfil urbano de la City desde el Tate Modern's Blavatnik Building.

© BORISOV/SHUTTERSTOCK ©

PAWEL LIBERA/GETTY IMAGES ©

Vistas del río

El agua es importante en el South Bank, y hasta hay una playa, la **Thames Beach** donde también se puede salir de *mudlarking* (rastreo por el lodo del río).

Consejo de Alex Lifschutz, *director fundador de arquitectos Lifschutz Davidson Sandilands @lds_architects*

allí, se puede ver la Somerset House a la izquierda y la catedral de St Paul y la City a la derecha. Otro mirador junto al río está en la planta 10 del **Tate Modern's Blavatnik Building.** Si se mira al norte, St Paul queda prácticamente en línea recta y la City, más al este. En el ascensor suele haber cola.

Si se bordea el río desde el Westminster Bridge al London Bridge, de camino se suceden muchas vistas privilegiadas. El mirador junto al **Gabriel's Wharf** ofrece casi las mismas vistas que la Oxo Tower pero a ras de suelo, e incluso mejores desde un tramo junto a **The Scoop** cerca del Tower Bridge. Si se mira al oeste aparece el perfil urbano de la City en todo su esplendor.

Sugerencias

NO TE PIERDAS...

Algo más que un espectáculo

National Theatre

Este centro de las artes escénicas financiado con fondos públicos cuenta con los teatros Olivier, Lyttelton y Dorfman. En verano, delante del teatro, se ofrecen espectáculos gratis.

The Old Vic

Con más de 200 años en su haber, este gran teatro (1000 butacas) sin afán de lucro acoge desde obras de teatro hasta conciertos. Hay entradas con descuento para los preestrenos.

The Young Vic

Inicialmente un retoño de The Old Vic, The Young Vic programa espectáculos de dramaturgos más jóvenes y obras inspiradas en sucesos mundiales.

The Vaults

En un túnel ferroviario en desuso, este teatro multiespacios pone en escena espectáculos alternativos y experiencias inmersivas, incluido teatro con cena. Acceso por los Leake Street Arches.

Espacios para reponer fuerzas

Casa do Frango £

Espacioso restaurante portugués especializado en pollo *piri-piri* y platillos para compartir. Se llena bastante y es ruidoso, incluso entre semana.

Trivet £££

Cocina británica creativa a precios de infarto. Los dos cofundadores se formaron en el triestrellado Fat Duck.

Arabica £

Restaurante de Oriente Próximo con una carta de *meze* que cambia con la temporada. Los panes ácimos están particularmente ricos. Ambiente energético y personal simpatiquísimo.

Scootercaffe £

Café de día y bar de noche, este acogedor local *retro* tiene además un fantástico jardín escondido en verano.

The Thirsty Bear £

Animado *pub* de tecnología punta con mesas con tiradores para que cada cual se sirva sus pintas y con un iPad para pedir la comida.

GŎNG ££

En el piso 52 del Shard, es el bar de hotel más alto en Europa. Se exige consumición mínima, pero aun así sale más económico que la galería-mirador que hay más abajo.

Art Yard Bar & Kitchen ££

La propuesta hotelera del Bankside Hotel incluye excelentes cócteles inspirados en el barrio, en un marco muy artístico.

Atracciones para toda la familia

London Eye

Es la mayor noria con voladizo del mundo. Suma 32 cabinas de cristal con capacidad

National Theatre.

para grupos pequeños. Tarda 30 min en completar la vuelta.

SEA LIFE Centre London Aquarium

En la planta baja del County Hall, el diseño de este acuario hace que explorar su pasarela de tiburones y su túnel submarino sea toda una aventura.

The London Dungeon

Experiencia que mezcla atracciones y actores de carne y hueso que explican importantes episodios en la historia de Londres. A los adolescentes les encanta, pero no es apto para niños pequeños.

Electric Gamebox

Juego interactivo e inmersivo en una sala cerrada. Se utilizan paredes táctiles, sensores y cámaras para seguir el progreso del visitante. Cada sesión dura 30 o 60 min.

Golden Hinde

Réplica a tamaño real del navío con el que sir Francis Drake circunnavegó el mundo. A bordo de este barco, aún apto para navegar, se conocerá la historia de su expedición.

Clink Prison Museum

Construido en los terrenos de la Clink Prison original, este espeluznante museo cuenta las historias de sus variopintos reclusos. Incluye aparatos de tortura.

Circuitos solidarios

Unseen London Bridge

Unseen da voz e ingresos a aquellos que se han quedado sin hogar, y este paseo acerca al viajero a la otra cara de Londres, con unas pinceladas de historia.

PPTARA/SHUTTERSTOCK ©

London Eye.

Balkan Tastes & Culture

El operador turístico Intrepid colabora con la empresa socialmente comprometida Women in Travel, que apoya a las mujeres desfavorecidas con este circuito a pie que deja al descubierto los muchos vínculos balcánicos del South Bank.

Compra de recuerdos

Gabriel's Wharf

Elenco de coquetas *boutiques* de ropa y complementos, muchos de ellos artesanos. También hay obras y grabados de artistas locales.

Oxo Tower Wharf

Estudios y tiendas de creadores y diseñadores en varias plantas del edificio. Prevalecen las joyas hechas a mano, pero también hay cerámica y muebles.

Southbank Centre Book Market

Mercado de libros de segunda mano debajo del Waterloo Bridge: se encontrarán desde cómics hasta novelas clásicas en rústica y tapa dura. A veces también se ven antigüedades.

KENSINGTON Y HYDE PARK

PARQUES | MUSEOS | COMPRAS

Descubre los mejores parques de Londres en línea

KENSINGTON Y HYDE PARK
Plan de viaje

IMPRESCINDIBLES Y JOYAS OCULTAS

El calificativo de "mundialmente famoso" a menudo se asocia a lugares de esta parte culturalmente (y materialmente) rica de la ciudad: el V&A, Hyde Park, Harrods, el palacio de Kensington... Hay pocas zonas más clasistas y británicas que esta. Este circuito descubre la cara opulenta y refinada de la polifacética capital.

Información

Ideal para Cultura, parques, tiendas y restaurantes de lujo.

Cómo llegar Líneas de metro Piccadilly, Circle, District y Victoria (y los trenes de National Rail hasta la estación de Victoria).

Cómo desplazarse Ideal visitarla a pie, pero también hay autobuses y el metro.

Consejo presupuestario Comprar y comer en el barrio sale caro, pero los museos son gratis.

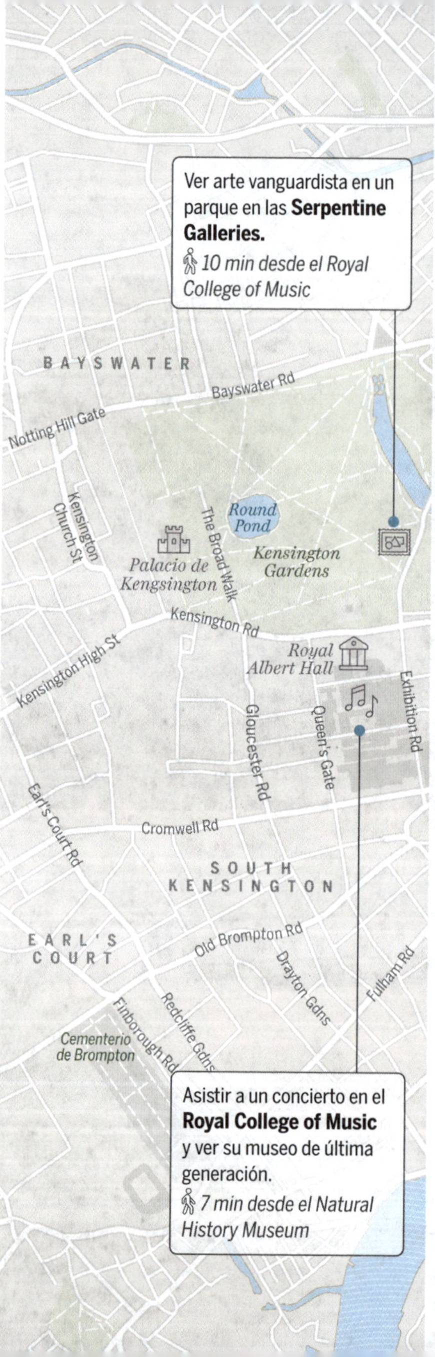

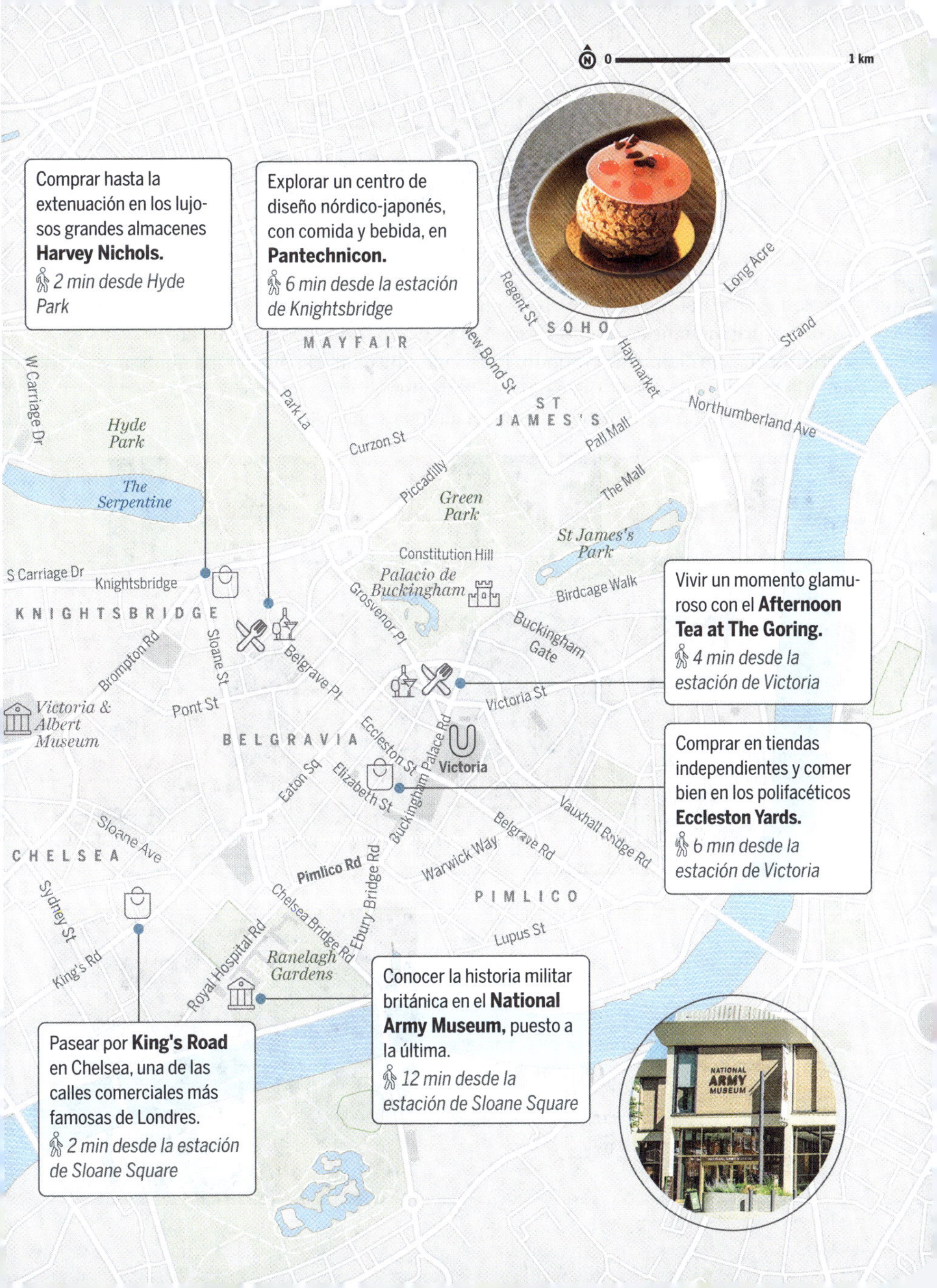

Comprar hasta la extenuación en los lujosos grandes almacenes **Harvey Nichols.**

2 min desde Hyde Park

Explorar un centro de diseño nórdico-japonés, con comida y bebida, en **Pantechnicon.**

6 min desde la estación de Knightsbridge

Vivir un momento glamuroso con el **Afternoon Tea at The Goring.**

4 min desde la estación de Victoria

Comprar en tiendas independientes y comer bien en los polifacéticos **Eccleston Yards.**

6 min desde la estación de Victoria

Conocer la historia militar británica en el **National Army Museum,** puesto a la última.

12 min desde la estación de Sloane Square

Pasear por **King's Road** en Chelsea, una de las calles comerciales más famosas de Londres.

2 min desde la estación de Sloane Square

17 Royal College OF MUSIC

MÚSICA | HISTORIA | ARTES ESCÉNICAS

Delante del Royal Albert Hall, en Kensington, está este destacado conservatorio de música donde, desde 1883, se han formando algunos de los virtuosos más brillantes del mundo. El colegio universitario ofrece una abultada agenda cultural en su señorial campus, desde un flamante museo interactivo hasta una tupida programación de espectáculos y conciertos.

ROBERTO LA ROSA/SHUTTERSTOCK ©

Información

Cómo llegar La estación más próxima –South Kensington, las líneas Circle, District y Piccadilly– queda a 800 m. El autobús nº 360 es el que deja más cerca.

Cuándo ir En las épocas semestrales lectivas (otoño y primavera); consultar en línea los espectáculos para que requieran entrada (rcm.ac.uk/events). El museo cierra los lunes.

Consejo Encontrar tazas, chapas, libros y otros artículos asequibles de marca o de colección en la RCM Shop.

HEATHCLIFF O'MALLEY - WPA POOL/ GETTY IMAGES ©

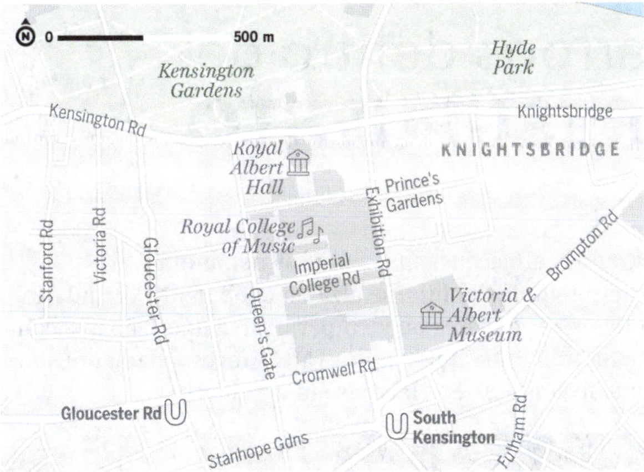

Música e historia El nuevo y avanzado **Royal College of Music Museum** es la joya de la corona de la multimillonaria remodelación aún en marcha. Desde el 2021, hay un espacio interactivo con miles de objetos (desde el primer teclado con cuerdas conocido, el *clavicytherium*, hasta retratos de destacados músicos del s. XVIII). Las audioguías llevan por cinco siglos de historia de la música bajo un bonito atrio. Se puede asistir al **concierto de cámara** del museo de los viernes o crear un sonido propio en el **Weston Discovery Centre.**

Asistir a un espectáculo ¿Quién será la próxima superestrella de la música clásica? Muy probablemente alguno de los estudiantes de este campus, y se les puede ver tocar gratis o por solo 5 £. Durante la temporada semestral, se puede asistir a muchos espectáculos en espacios renovados, como el **Britten Theatre,** un señorial teatro de la ópera donde estudiantes vestidos de época cantan acompañados por una orquesta de 80 músicos. También es posible asistir a una *masterclass* de un prestigioso violinista en una sala de conciertos, seguir el ritmo del *jazz* de una formación de estudiantes en uno de los teatros o disfrutar de una sesión de música de cámara en una sala nueva de 150 butacas.

Pág. anterior arriba: Royal College of Music. **Pág. anterior abajo:** estudiantes tocando en el colegio universitario.

Lo mejor del museo

La **guitarra más antigua** del mundo, fabricada en Lisboa por Belchior Dias en 1581.

Los **famosos retratos** del consagrado cantante barroco italiano Farinelli y del compositor austríaco Joseph Haydn.

Un **clavicémbalo exquisitamente pintado** y producido en Venecia por Alessandro Trasuntino en 1531.

Una colección de las **primeras violas** hechas en Londres a finales del s. XVI.

Partituras manuscritas de la colección de la RCM Library, que incluye obras de Edward Elgar, Frédéric Chopin y Wolfgang Mozart.

Recomendado por Gabriele Rossi Rognoni, *conservador del Royal College of Music Museum, @RossiRognoni*

18 Harrods dentro del PRESUPUESTO

COMPRAS | COMER | MODA

Probablemente los grandes almacenes más famosos del mundo, el imponente Harrods, verdadero templo del lujo, se alza en el opulento vecindario de Knightsbridge. Pero no todos sus clientes pueden permitirse unos zapatos con incrustaciones de rubíes de un millón de libras ni un yate. Afortunadamente, con algunos truquillos se puede comprar en Harrods sin arruinarse.

STEVE VIDLER/ALAMY STOCK PHOTO ©

Información

Cómo llegar Queda cerca de la estación de metro de Knightsbridge; también hay autobuses que circulan por Knightsbridge.

Cuándo ir Harrods abre todos los días, pero es mejor ir por la mañana, con menos gente. La época de Navidad es particularmente frenética, pero luce todo su esplendor.

Solo mirar Todo el mundo puede curiosear sus escaparates de 11.30 a 12.00 los domingos, momento de Harrods dedicado a "solo mirar" *(browsing only)*.

PEN_85/SHUTTERSTOCK ©

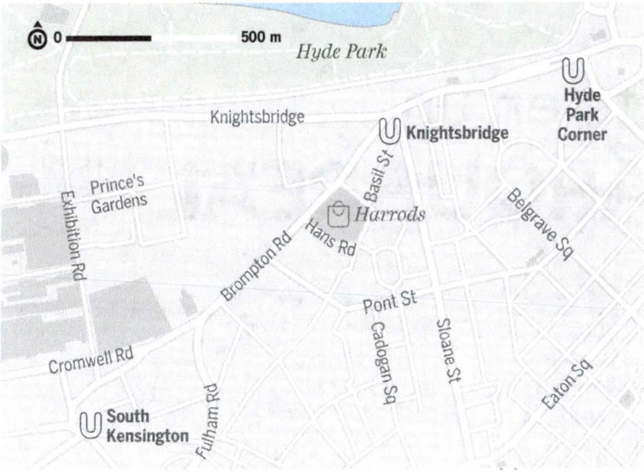

Pág. anterior arriba: Chocolate Hall.
Pág. anterior abajo: Harrods Tea Room.

Comidas asequibles Aunque Harrods es más conocido por sus a menudo prohibitivos artículos de colección y moda de lujo, su sección de alimentación, menos onerosa, es muy popular. En el 2021 se puso fin a cuatro años de reformas de los famosos y vistosos Food Halls; lo último de este emporio del sabor es el **Chocolate Hall,** con su propio maestro chocolatero, que vende la característica Gold Bar de Harrods por 10 £ (más asequible que las tabletas de chocolate de edición limitada elaboradas con cacao ecuatoriano de 350 £). Se pueden comprar panes y bollería a precios asumibles en el **Roastery & Bake Hall,** y en **The Deli** del Fresh Market Hall, comida para llevar al cercano Hyde Park.

'Souvenirs' y rebajas Con más de 300 departamentos que venden básicamente artículos de lujo, ir a Harods a buscar chollos puede parecer amedrentador. La regla de oro es evitar los departamentos de moda, artículos para el hogar y joyería, y concentrarse en los *souvenirs,* sobre todo de la marca Harrods, que suelen ser más económicos. Aunque tampoco hay que pasar por alto las épocas de rebajas de ropa y accesorios, con descuentos de hasta el 50% si se está al tanto (y se va temprano).

Lo mejor de Harrods

Ver **la fachada de día,** un edulcorado Vaticano de las compras en Londres.

Deambular embobado por los **Food Halls,** con embaldosado Royal Doulton original.

Encontrar la esencia perfecta en el **Salon de Parfum,** perfumería preeminente, con fragancias únicas en el mundo, presidida por el fabuloso Roja Dove, Professeur de Parfum.

Disfrutar de un té/merienda con champán en la elegante (y cotilla) **Harrods Tea Room.**

Ver la fachada de noche, iluminada con **12 000 bombillas.**

Consejos de Frank Burgess, *guía turístico Blue Badge con Premium Tours, @FrankTourGuide*

19 Arte en un PARQUE REAL

NATURALEZA | ARTE | CULTURA

Kensington Gardens, que lindan con Hyde Park por el oeste, son parte del palacio de Kensington, icónica residencia real desde el s. XVII. No obstante, aparte del palacio, los jardines también albergan un centro de las artes, con dos respetadas galerías contemporáneas y estatuas abstractas y realistas por descubrir.

Información

Cómo llegar En metro: hasta Lancaster Gate o Queensway con la línea Central, Bayswater con la línea District, y High Street Kensington con las líneas Circle y District. También hay muchos autobuses.

Cuándo ir En verano (jun-ago), cuando la agenda de exposiciones es más abultada.

Mano de jardinero Al lado de la Serpentine North Gallery está el Allotment, un pequeño huerto comunitario para relajarse o aprender trucos de jardinería.

Serpentine Galleries No hay galería de arte contemporáneo en Londres que pueda presumir de estar en un parque real como este insigne dúo: la **Serpentine Gallery** y la impresionante **Serpentine North Gallery,** diseñada por la arquitecta iraquí-británica Zaha Hadid (1950-2016), separadas por el lago homónimo. Desde 1970, artistas encumbrados como Damien Hirst, Jeff Koons y Ai Weiwei han expuesto en ellas. Los aficionados al arte no deben perdérselas, en especial, los interactivos Bridge Commission Audio Walks, las animadas Park Nights y su

Pág. siguiente arriba: restaurante Magazine en las Serpentine Galleries.
Pág. siguiente abajo: estatua de Peter Pan.

Imprescindible 'The Arch'

Al oeste de la Serpentine North Gallery, hacia el Long Water, está *The Arch* (1980), de Henry Moore, una escultura de travertino de 6 m donada a la Serpentine Gallery tras la exposición del 80 cumpleaños del artista.

afamada librería. En verano, la Serpentine Gallery (la más antigua) acoge el **Pavilion,** una muestra de estructuras temporales de arquitectos de todo el mundo en los jardines.

Cuentos que hablan Peter Pan, el celebérrimo personaje de J. M. Barrie, ha cobrado vida en libros, obras de teatro y películas en los últimos 120 años, y hoy aún es el residente más famoso (como estatua) del parque. La centenaria escultura de bronce, sita en el extremo oeste del Long Water, ahora no solo se puede ver, sino también escuchar con una aplicación de audio para *smartphones*. El actor británico Danny Roche colaboró con **Talking Statues London** (talkingstatueslondon.co.uk) para dar voz a la escultura del niño travieso, que toca la flauta de pan, con graciosos monólogos.

20 En plan 'indie' por KING'S ROAD

COMPRAS | COMIDA Y BEBIDA | LUJO

En apariencia, al pasear por el famoso tramo de poco más de 3 km de Chelsea se verá una sucesión de tiendas caras y restaurantes de cadenas británicas, pero si se mira bien se descubrirán también interesantes sitios alternativos.

MAGDANATKA/SHUTTERSTOCK ©

Información

Cómo llegar La estación de metro de Sloane Square (líneas District y Circle) está en un extremo de King's Road. Hay autobuses que recorren toda la calle.

'Rock' y vestidos Se puede comprar en la tienda de una de las pioneras de la moda punk en World's End: la *boutique* de la icónica diseñadora Vivienne Westwood.

Salir de noche Aunque de noche las tiendas y galerías cierran, es el mejor momento para conocer el animado ambiente de los restaurantes y bares de la calle.

Estación de la floración

King's Road es uno de los mejores sitios para ver **Chelsea in Bloom** (chelseainbloom.co.uk), el alarde anual de arreglos florales. Durante una semana de mayo, varias tiendas y cafés de la calle compiten con elaborados y vívidos despliegues botánicos en este concurso de libre acceso.

01 A pocos metros de King's Road está **John Sandoe Books,** una encantadora librería independiente con una amplia sección de humanidades, habituales presentaciones de libros y charlas con escritores.

02 El **Chelsea Farmers Market,** de Sydney Street, no es un mercado de granjeros, sino un lugar al aire libre para comer, con tiendas-*boutique* en contenedores de madera.

03 El **Cadogan Arms,** un *pub* de casi 140 años, se ha reformado con paneles de madera, una carta de comida mejorada y los asados dominicales de siempre. Conciertos de *jazz* los domingos noche.

04 **Wilde Ones,** el principal proveedor de Londres de joyería y decoración amerindia, lleva desde 1987 comerciando directamente con los artistas. Ofrece tallas de animales en piedra, amuletos energéticos y lecturas del tarot.

05 Asistir a una obra de teatro, además de a actividades como clases de repostería en familia y de gimnasia, en el renovado **Chelsea Theatre,** junto a World's End Place.

Por Julia Robson
Julia, periodista de moda, propone un Londres ideal para viajar en el tiempo, muy apropiado para vampiros y amantes de lo vintage.

Romántico Londres gótico

POR QUÉ EL LONDRES GÓTICO ES PASADO Y PRESENTE

Ante un cambio sin precedentes, que incluía una explosión demográfica y epidemias mortíferas como el cólera, el romanticismo prevaleció sobre las ideologías radicales (comunismo, socialismo y anarquismo). Los sacrificios de la industrialización enseñaron a los victorianos del s. XIX a venerar la belleza y todo aquello que acelerara las pulsaciones.

De izda. a dcha: fachada del palacio de Westminster; Keanu Reeves y Gary Oldman en *Drácula de Bram Stoker* de Francis Ford Coppola (1992); cementerio de Highgate.

KIEV.VICTOR/SHUTTERSTOCK ©

La novela de Horace Walpole *El castillo de Otranto* (1764) inauguró la literatura de terror gótico. Temas recurrentes como el suspense, el misterio, la pesadumbre, la asechanza, las emociones exacerbadas y la histeria desembocaron en los románticos *best-sellers* de las hermanas Brontë: *Jane Eyre,* de Charlotte y *Cumbres borrascosas,* de Emily, ambas publicadas en 1847. La escalofriante *Frankenstein,* obra maestra de Mary Shelley, de 1818, emocionaría a un público que especulaba sobre las posibilidades científicas. Previamente, "gótico" solo hacía referencia a la arquitectura de puntiagudos arcos, torrecillas y chapiteles de los ss. XIII-XVI. El "renacimiento gótico", o alto gótico victoriano, se puso de moda en pleno auge de la industrialización (c. 1860-1890), con lugares emblemáticos como el palacio de Westminster, contemporáneo del metro londinense (década de 1860).

Durante una de las épocas más dinámicas, inventivas y emprendedoras de la historia de Gran Bretaña, el temor a la desaparición de un país verde y plácido, sumado a la oscura amenaza de lo que podría ocupar su lugar, resultó en la creación de narrativas y morales religiosas curiosamente anacrónicas. Y claro, con las nuevas normas viene el deseo de romperlas. Y eso es lo divertido. La represión sexual, los derechos de las mujeres, la esclavitud y las lamentables condiciones laborales, junto a la obsesión de Gran Bretaña por la clase y el estatus, condujeron a una subversión espectacular.

El terror gótico se trasladó posteriormente al cine, desde la oscarizada *Drácula* (1992) de Francis Ford Coppola hasta las fantasías de Tim Burton y la saga *Crepúsculo,* y los juegos *(Final Fantasy)*. Y la novela no ha muerto aún. Al parecer, E. L. James, autora de *Cincuenta sombras de Grey,* estudió a los personajes masculinos góticos para pulir a su diabólico Christian Grey. Un trasfondo de tensión

PHOTO 12/ALAMY STOCK PHOTO ©

JUST ANOTHER PHOTOGRAPHER/SHUTTERSTOCK ©

sexual refleja las teorías entonces en boga de Freud y Jung. A los victorianos se les llamó los "últimos románticos". A las puertas de la cuarta revolución industrial y con unas fronteras tan difusas de los mundos físico y virtual, es fácil imaginarlos sonrientes desde la tumba.

Con la niebla, Jack el Destripador, el traqueteo de las ruedas de los carruajes sobre los adoquines y el peligro acechante, Londres es el decorado gótico perfecto, tal y como queda reflejado en la comedia de terror *Un hombre lobo americano en Londres* (1981), de John Landis. Casi toda esta descarnada capital es como un túnel del tiempo, porque el grueso de las viviendas son edificios victorianos. Se puede imaginar a Sherlock Holmes investigando en 221b Baker St, o a Van Helsing mientras se dirige al fantasmagórico cementerio de Highgate para clavar una estaca en el corazón de Lucy Westenra. Se puede ver un cuadro de la musa modelo de los prerrafaelitas, Elizabeth Siddal, la esposa de cabellos llameantes de Dante Gabriel Rossetti, en la Guildhall Art Gallery, para luego ir en autobús al mismo cementerio de Highgate, donde está enterrada.

> Con niebla, Jack el Destripador, el traqueteo de las ruedas de los carruajes sobre los adoquines y el peligro acechante, Londres es el decorado gótico perfecto...

"Me encantan las cosas antiguas", declaró Barbara Hulanicki, la diseñadora de moda que reinventó la cultura victoriana con su *boutique* Biba (1964-1976). El historiador de moda Tony Glenville cree que la familia real británica también es clave. El "vestido de la venganza" *(revenge dress)* de hombros descubiertos diseñado por la modista Christina Stambolian que llevó Diana, la princesa de Gales, en 1994 compite por ser el atuendo gótico más icónico de la historia, únicamente superado por su vestido de novia real con tafetán de seda (1981), mangas abullonadas, 7,6 m de cola y velo de tul de 140 m.

Jack el Destripador y la moda del terror gótico

En su libro definitivo, *The Victorians* (2003), A. N. Wilson escribe sobre la "obscena fascinación sobre los crímenes de Jack el Destripador". Cuando en 1992 Alexander McQueen, hijo de un taxista de Londres, se graduó en el Central Saint Martins, su trabajo final, "Jack el Destripador acosa a sus víctimas", le valió el salto directo a la palestra de la moda internacional. Había cosido mechones de pelo a sus vestidos, una referencia a las prostitutas del s. XIX que vendían su cabello. "Encuentro belleza en lo grotesco", dijo en una ocasión. La estética oscura y gótica de McQueen se inspiraba en los manicomios victorianos, los fenómenos de circo, los *music halls*, los miriñaques y los corsés.

Sugerencias

NO TE PIERDAS...

Artefactos y exposiciones

Victoria & Albert Museum

El V&A, en la reputada Exhibition Road, es el museo de artes decorativas más grande del mundo, con más de dos millones de objetos repartidos por siete plantas.

National Army Museum

Se puede conocer los problemas, las hazañas y el impacto global del Ejército británico en este exhaustivo museo sito junto al Royal Hospital Chelsea. Hay secciones aptas para niños.

Natural History Museum

Este fascinante museo de Exhibition Road invita a toda la familia a embobarse ante un esqueleto de ballena azul que pende del techo, a encararse a dinosaurios de tamaño natural y a ver millones de insectos.

Science Museum

Aparte de la impresionante colección de artefactos científicos hay simuladores de vuelo, experimentos en vivo y un cine IMAX en este museo de Exhibition Road. Para asombrarse en familia.

Comidas fabulosas

Dinner by Heston Blumenthal £££

El abanderado de la restauración del Mandarin Oriental Hyde Park, al lado de la estación de Knightsbridge, es un templo culinario. Conviene reservar con mucho tiempo si se quiere vivir la experiencia gastronómica de Blumenthal, con estrella Michelin y obsesionado por la historia.

Claude Bosi at Bibendum £££

Una enorme vidriera con el Bibendum, u "Hombre Michelin", preside este espacioso comedor de Chelsea –antaño sede de la empresa de neumáticos– donde el chef Bosi crea exquisita alta cocina francesa.

Regency Café £

Esta sencilla institución de las frituras, entre Pimlico y Westminster, es todo un favorito desde la década de 1940. Uno de los mejores sitios para desayunar a la inglesa.

Phat Phuc Noodle Bar £

Este restaurante panasiático (cuyo nombre significa "Buda feliz" en vietnamita) es una joya escondida en una bocacalle de King's Road donde comer deliciosas *pho* y otros clásicos por menos de 10 £.

Market Hall Victoria £

Esta moderna zona de restauración ofrece puestos de comida deliciosa y asequible, que luego se puede disfrutar en la espaciosa terraza con vistas a la estación de trenes de Victoria, al otro lado de la calle.

Pantechnicon ££

Cinco plantas de elegante minimalismo en la llamada "aldea" de cocina y cultura nórdico-japonesa de Belgravia, que incluye un bar de azotea, una licorería japonesa y un restaurante de fusión.

Esqueleto de ballena azul en el Natural History Museum.

Rabbit £££

Comida sana en pleno King's Road. Viene a ser como un escaparate de la cocina del condado de West Sussex, de donde procede el ganado criado de forma sostenible y algunos de los vinos de la carta.

Hora del té

Afternoon Tea at The Goring £££

Un clásico entre los clásicos, en un hotel que frecuenta la familia real. Para darse un lujo, se puede pedir el Bollinger Afternoon Tea, con fresas con nata y vino rosado.

The Kensington's London Landmarks Afternoon Tea £££

Una propuesta de té única con maravillosos pastelitos en forma de Big Ben (tarta de limón) y de cabina telefónica roja (*mousse* de ruibarbo), entre otros.

Prêt-à-Portea at The Berkeley £££

El té/merienda por antonomasia para los amantes de la alta costura, ubicado, lógicamente, en un hotel de cinco estrellas de Knightsbridge. Los pastelitos tienen forma de zapatos de tacón, bolsos de marca y vestidos de temporada.

Escapadas al 'spa'

The Lanesborough Club & Spa

El club de *wellness* de hotel más exclusivo y lujoso de Londres está en Hyde Park Corner. Sin apenas promoción, los no socios pueden comprar pases de día y reservar paquetes de *spa*.

Ushvani

Detrás de una recia puerta de madera cerca de Sloane Square, en Chelsea, aguarda este suntuoso retiro de estilo malasio. Puede ir todo el mundo, pero la sala de vapor y la piscina están reservadas para las mujeres.

CKTRAVELS.COM/SHUTTERSTOCK ©

Eccleston Yards.

Ilapothecary Spa

Los baños de sonido y los tratamientos corporales a medida son la norma en el buque insignia de la marca homónima en Kensington High Street, un acogedor espacio enmaderado.

Dosier de estilo

Harvey Nichols

Estos grandes almacenes, a menudo pasados por alto en favor de Harrods, a solo una manzana en Knightsbridge, son la opción menos turística para moda de lujo, artículos de belleza y de regalo, y una zona de restauración en la 5ª planta.

Worn

Comprar lujo por (algo) menos en una tienda de ropa de segunda mano exclusiva en Elystan St de Chelsea (Hermès, Victoria Beckham, etc.).

Eccleston Yards

Desde su inauguración en el 2018, este espacio al aire libre ha llevado una muy necesitada animación al barrio de relajada elegancia de Belgravia. *Boutiques* de moda, restaurantes y estudios de yoga comparten un patio decorado con murales.

IMPORTERS
Dexters
DONOVAN BRO
PAPER BAGS
STRONG CARRIER BAGS
NHA-MOR
Thai street food & noodle bar
CRISPIN STREET
ENGLISH RESTAURA
WINES
COMMERCIAL
WASTE ONLY

CLERKENWELL, SHOREDITCH Y SPITALFIELDS

HISTORIA | COMIDA | MÚSICA

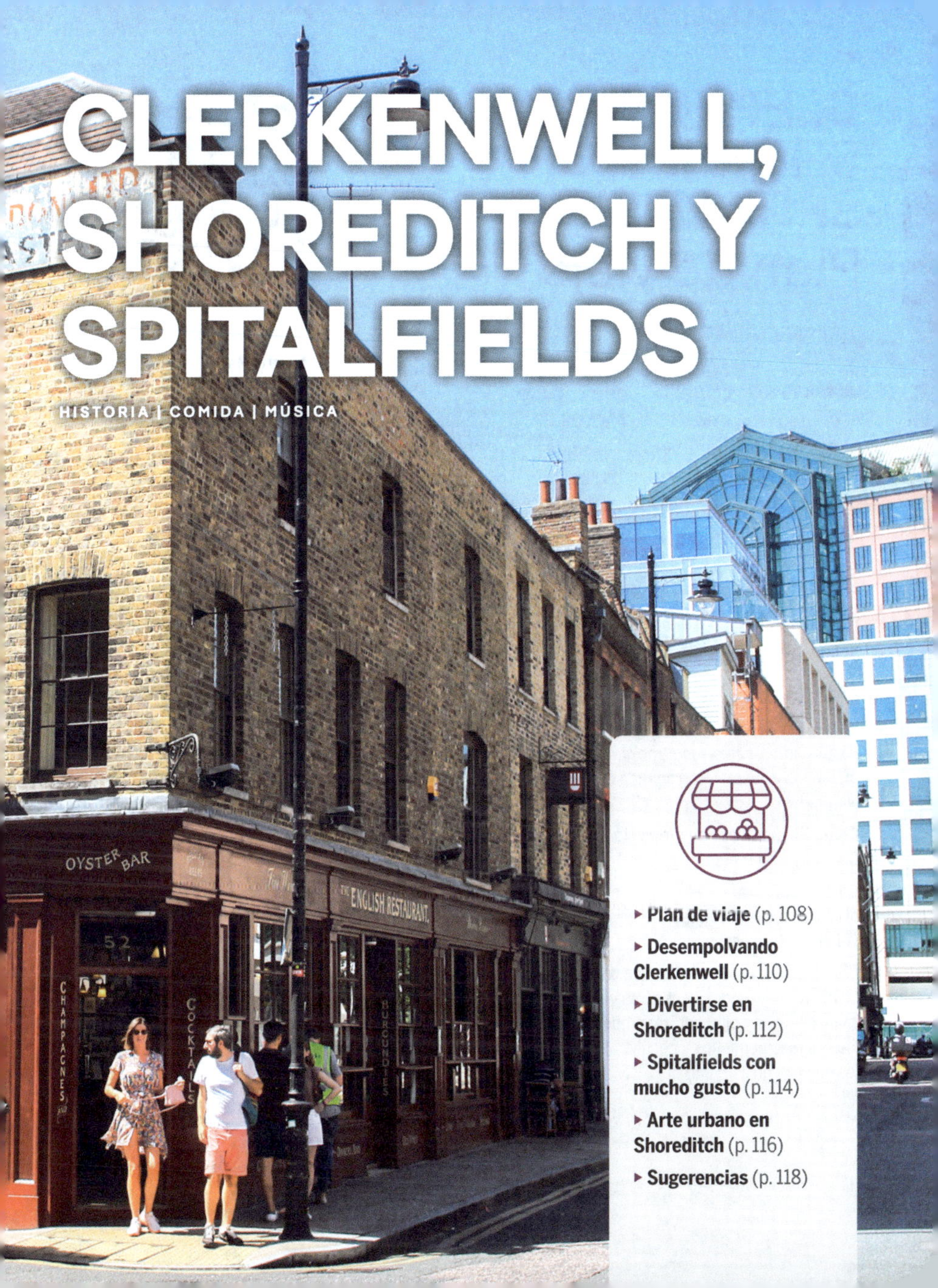

CLERKENWELL, SHOREDITCH Y SPITALFIELDS
Plan de viaje

IMPRESCINDIBLES Y JOYAS OCULTAS

Estos vecindarios que bordean el centro de Londres, históricos pero con un buen elenco de salas de conciertos modernas, bares innovadores, tiendas independientes y una boyante cultura gastronómica, no se amilanan ante nada. Pese a que algunos creen que la zona ya ha perdido su estatus vanguardista, no deja de atraer a multitudes.

Información

Ideal para Conciertos, comida y bares. Restaurantes, cafés, *food trucks*, mercados y puestos con comida de todo el mundo.

Cómo llegar Líneas de metro Northern, District y Hammersmith & City.

Cómo desplazarse Mejor a pie o en bicicleta, para no ceñirse a la dirección única de las calles.

Consejo Es una zona fantástica para salir de noche. Los londinenses raras veces salen de fiesta por el centro; prefieren locales más pequeños y peculiares, como los que hay en este barrio.

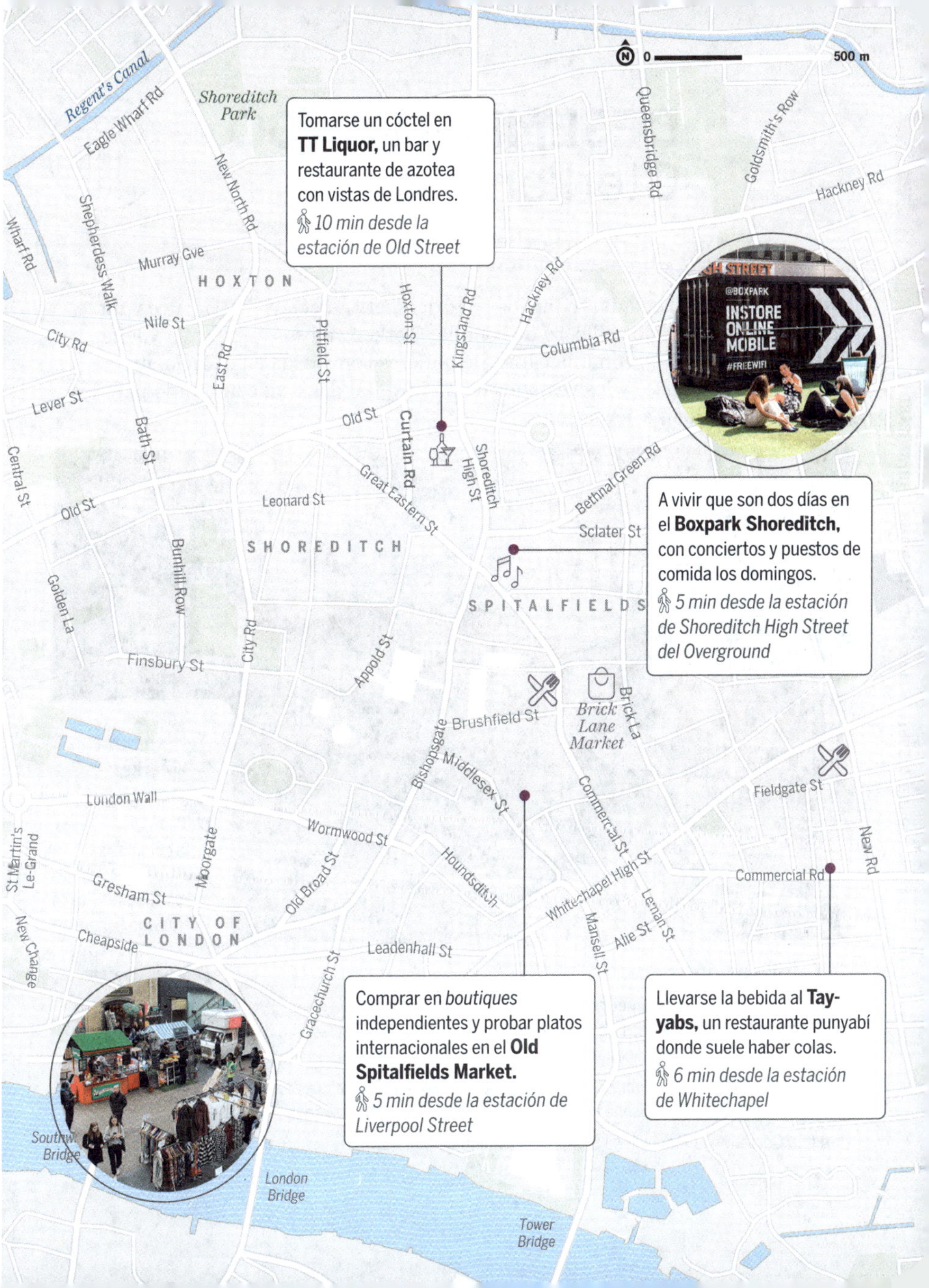

Tomarse un cóctel en **TT Liquor,** un bar y restaurante de azotea con vistas de Londres.
10 min desde la estación de Old Street

A vivir que son dos días en el **Boxpark Shoreditch,** con conciertos y puestos de comida los domingos.
5 min desde la estación de Shoreditch High Street del Overground

Comprar en *boutiques* independientes y probar platos internacionales en el **Old Spitalfields Market.**
5 min desde la estación de Liverpool Street

Llevarse la bebida al **Tayyabs,** un restaurante punyabí donde suele haber colas.
6 min desde la estación de Whitechapel

21 DESEMPOLVANDO Clerkenwell

'GOURMET' | HISTÓRICO | DESCONOCIDO

Con calles arboladas, edificios históricos, el Sadler's Wells Theatre y un infravalorado mercado callejero de comida, Clerkenwell sorprende a la vuelta de cada esquina, p. ej. con una cárcel de mujeres convertida en escuela, un ayuntamiento *art déco* y los vestigios de un hospital del s. XII construido para los peregrinos que iban a Jerusalén.

JOE DUNCKLEY/SHUTTERSTOCK ©

Información

Cómo llegar La estación de metro de Angel, de la línea Northern, es la más próxima a Clerkenwell, además de la estación de Farringdon de las líneas Circle, Hammersmith & City y Metropolitan.

Cuándo ir Cada mayo se celebra la Clerkenwell Design Week, con muestras de marcas independientes de diseño y de arquitectura británica e internacional.

Consejo Comer en el maravilloso Sessions Arts Club de Clerkenwell.

Exmouth Market

Este mercado de Clerkenwell se centra en la comida, con puestos de platos indios, mediterráneos y otros que flanquean la calle entre semana. Pero hay que ir antes de las 13.00 porque todo se acaba pronto. El mercado, que debe su nombre a la calle en la que está, revive a la hora de la cena.

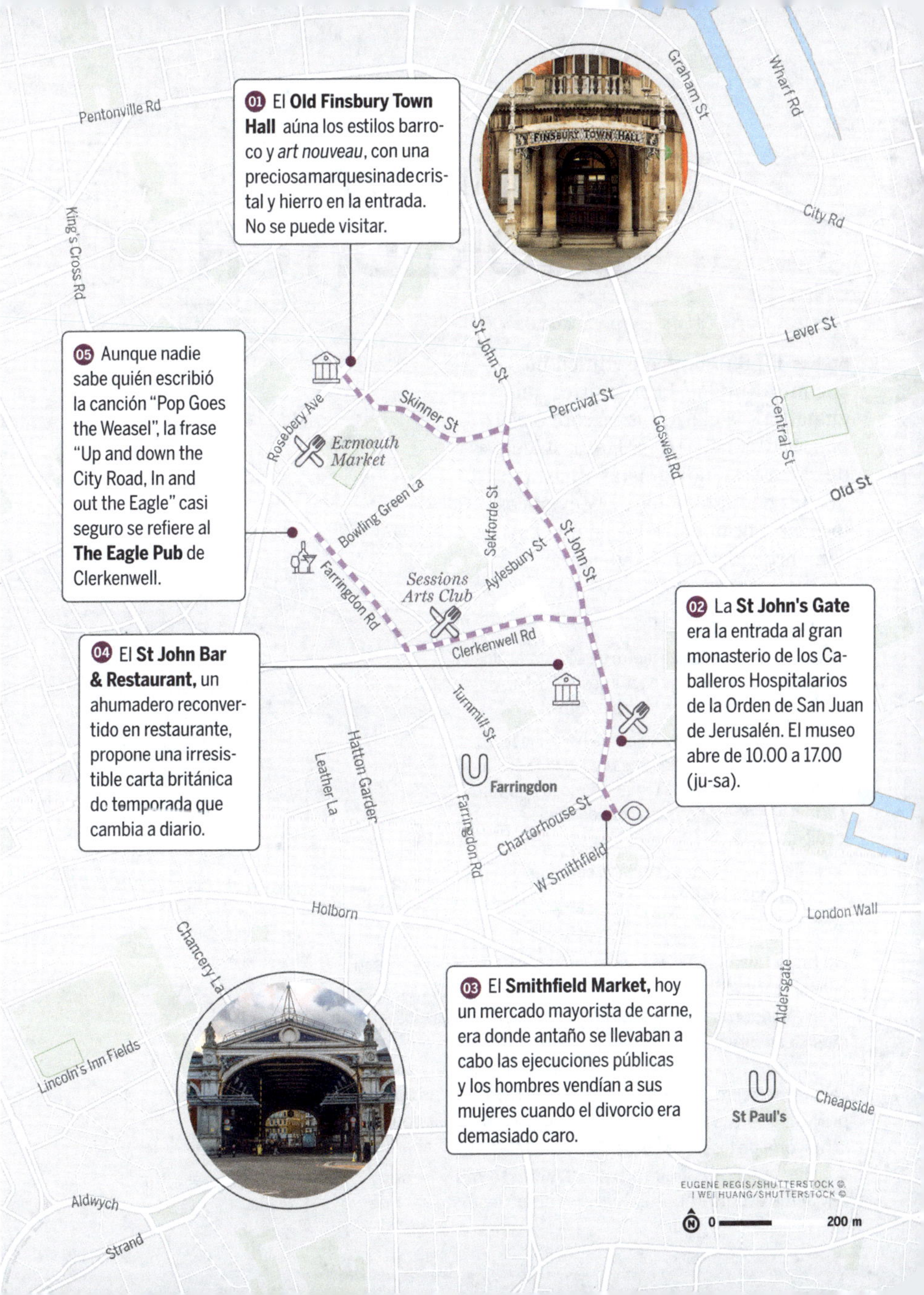

01 El **Old Finsbury Town Hall** aúna los estilos barroco y *art nouveau*, con una preciosa marquesina de cristal y hierro en la entrada. No se puede visitar.

02 La **St John's Gate** era la entrada al gran monasterio de los Caballeros Hospitalarios de la Orden de San Juan de Jerusalén. El museo abre de 10.00 a 17.00 (ju-sa).

03 El **Smithfield Market,** hoy un mercado mayorista de carne, era donde antaño se llevaban a cabo las ejecuciones públicas y los hombres vendían a sus mujeres cuando el divorcio era demasiado caro.

04 El **St John Bar & Restaurant,** un ahumadero reconvertido en restaurante, propone una irresistible carta británica de temporada que cambia a diario.

05 Aunque nadie sabe quién escribió la canción "Pop Goes the Weasel", la frase "Up and down the City Road, In and out the Eagle" casi seguro se refiere al **The Eagle Pub** de Clerkenwell.

22 Divertirse en SHOREDITCH

MÚSICA | CÓCTELES | VIDA NOCTURNA

En Shoreditch es difícil no encontrar un local con música que guste, ya sea clásica, *jazz*, soul o *electro pop*. Hay conciertos, DJ, espectáculos de cabaré, monologuistas y hasta noches de micro abierto. Muy pocos locales cobran entrada, así que basta con elegir lo que más apetezca.

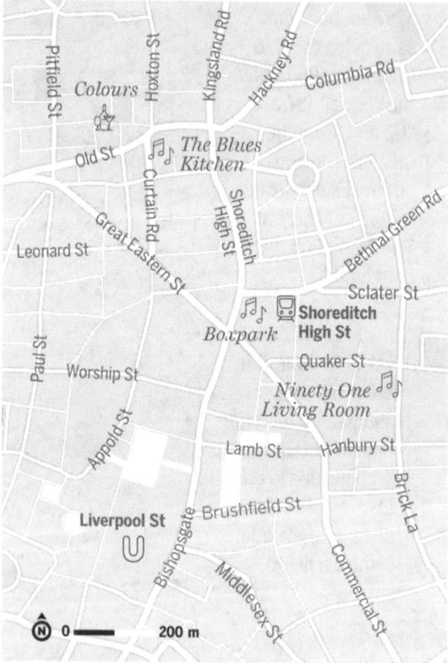

Información

Cómo llegar Estación de metro de Old Street, línea Northern. Los autobuses nocturnos nº 23, N11 y N133 salen de la cercana Liverpool Street.

Cuándo ir Shoreditch se anima ya hacia las 18.00, incluso entre semana. Los fines de semana están especialmente bien para tomar una copa pronto, y la mayoría de locales sirve comida desde el mediodía.

Consejo Ir de sitio en sitio –bar o club–; en general no distan mucho entre sí.

No hace falta hacer planes

A lo largo y ancho de Shoreditch abundan los locales con música en directo, los clubes con DJ y los espectáculos de cabaré, perfectos para improvisar sobre la marcha. En la mayoría de los sitios basta con presentarse, aunque si hay algún evento importante quizás haya que sacar entrada con antelación. Y como casi nada queda lejos, en una misma noche es posible tomarse la primera copa en una azotea, asistir a un concierto pronto y terminar con un espectáculo de cabaré.

De fiesta día y noche

A quien le guste salir de

Pág. siguiente arriba: Jack Broadbent en el Blues Kitchen.
Pág. siguiente abajo: concierto en Boxpark Shoreditch.

OLLIE MILLINGTON/REDFERNS/GETTY IMAGES ©

SHAKEYJON/ALAMY STOCK PHOTO ©

'Jazz' nocturno

En la Truman Brewery, la, **Ninety One Living Room** es un alabado club de *jazz*. Entre semana hay *happy-hour* de cócteles por 5 £ (17.00-19.00). También participa en eventos especiales como el London Jazz Festival.

fiesta por el día, el **Boxpark Shoreditch** tiene un oferta para el día y la noche, desde concursos a sesiones de DJ. La RCRD Shop acoge aquí la fiesta dominical Sundaze (15.00-20.00) con bandas nuevas, de *R&B* a neo soul. El ambiente es perfecto y además hay puestos de comida, ropa y regalos. La programación de conciertos de *blues* y soul del **Blues Kitchen** nunca falla, y normalmente es gratis; basta con presentarse.

Drag it out Colours es un bar y club multiartístico que tiene un cartel inclusivo de conciertos y eventos, tales como *drag disco,* cabaré y música en directo de artistas nuevos y de relumbrón (se deben comprar las entradas con antelación). Los miércoles y jueves sirven cócteles a 5 £ toda la noche.

23 SPITALFIELDS con mucho gusto

HISTORIA | COMIDA | DIVERSIDAD

Cuesta imaginar que en Spitalfields estuviera "la peor calle de Londres", Dorset St, donde inmigrantes judíos, irlandeses y hugonotes vivían en paupérrimas condiciones y Jack el Destripador asesinó a tres de sus víctimas. Hoy las comunidades inmigrantes siguen en el barrio, cuya próspera oferta de restauración les debe mucho.

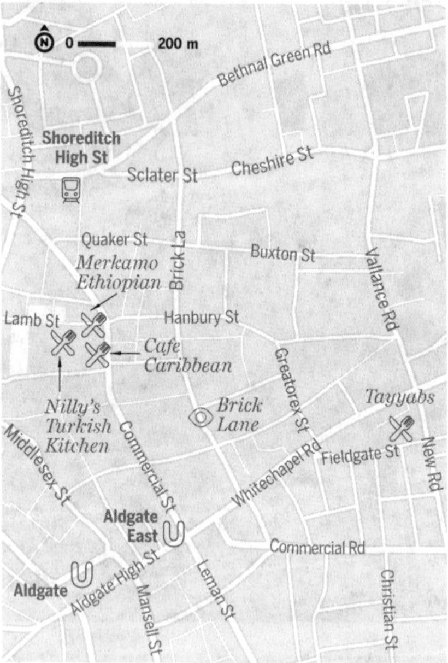

Información

Cómo llegar Estaciones de metro de Aldgate East y Whitechapel, líneas District y Hammersmith & City.

Cómo desplazarse En bicicleta es fácil, pero se recomienda ir a pie. Hay autobuses frecuentes al centro de Londres y más allá. También es práctico moverse en taxi; hay muchos.

Consejo El Old Spitalfield Market es fantástico para comida y *souvenirs* artesanos.

Spitalfields es el lugar ideal para probar un poco de todo, con restaurantes, *food trucks* y puestos con comida de todo el mundo. Para sabores jamaicanos, hay que ir al **Cafe Caribbean,** donde sirven platos regionales caseros de la parroquia de St Catherine, pero también clásicos como *ackee* y pescado en salazón con arroz y guisantes. El **Tayyabs** sirve curris punyabíes, *naans* y carnes a la parrilla a buen precio desde 1972; las colas son habituales por la noche y los fines de semana, tanto

Pág. siguiente arriba: costillas de cordero en el restaurante Tayyabs. **Pág. siguiente abajo:** puesto del Merkamo Ethiopian.

MARC ZAKIAN 2/ALAMY STOCK PHOTO ©

JULIO ETCHART/ALAMY STOCK PHOTO ©

Brick Lane

Calle de visita imprescindible por sus famosos restaurantes independientes de curri, tiendas de ropa *vintage*, galerías de arte y locales de música en directo. Los domingos está bien para mezclarse con los londinenses entre tiendas *vintage* o cervezas al fresco. El barrio congrega a una creativa e inclusiva parroquia.

para sentarse como para llevarse la comida, y no sirven alcohol, pero se puede llevar de casa.

A los veganos les encantará el **Merkamo Ethiopian** (en el Old Spitalfields Market), que tienta con todo tipo de aplaudidos sabores y platos tradicionales pero con un toque especial; la carta se divide en platos bajos en carbohidratos y ricos en proteína, mitad y mitad, y platos verdes. El. **Nilly's Turkish Kitchen** (Old Spitalfields Market) tiene flautas tradicionales turcas iguales que las que se venden y comen en las calles de Estambul; las hay de carne o pescado condimentados, pero es la vegetariana *gözleme* (con queso y patata) la que más triunfa.

Arte urbano en SHOREDITCH

02

01

03

01 Octopus Eating an Ice Lolly

Pintado en la fachada del Petticoat Lane Market, en Toynbee St, por Woskerski, artista polaco afincado en Londres y especializado en surrealismo.

02 Silent Sea

Inspirado en la dura realidad de las orcas en cautividad, Jim Vision creó esta pieza en Jerome St como parte de su serie Colourful Women.

03 Black Lives Matter

Otro mural de Jim Vision. En este caso una declaración política a raíz del movimiento Black Lives Matter que se halla en Whitby St.

04 Political Sanitiser

Este manifiesto político en Brick Lane es de un artista desconocido.

04

05

06

07

05 Wu Tang Clan

Dave Bonzai es el creador de este símbolo de cromo líquido para la banda de *hip hop* Wu Tang Clan. El mural está en Corbet Pl.

06 Audrey Hepburn Holding Tulips

Pintado en la fachada de la Brick Lane Brasserie, por la inconfundible Zabou, artista francesa residente en Londres. Aquí se inspiró en una foto de Yousuf Karsh.

07 The Pink Bear

Debajo de un puente en Bateman's Row se verá un mural característico del artista Luap que trabaja con pintura, grabado y fotografía.

Sugerencias

NO TE PIERDAS...

Comidas deliciosas

Sessions Arts Club ££

Imprescindible experiencia gastronómica en Clerkenwell. En un espacio como de sueño decadente, con paredes desconchadas y cortinas de terciopelo, sirven caprichosos platos como almejas, reisling y apio del monte.

Som Saa Thai Restaurant £

Platos del norte de Tailandia como *kua kling plaa* (caballa salteada con hierba limón) lo han convertido en un favorito de Shoreditch.

Smoking Goat £

Inspirado en las cantinas nocturnas de Bangkok, este restaurante de Shoreditch tiene una carta perfectamente reconocible de productos y proveedores británicos y tailandeses. Se recomienda la caballa al *sambal* rojo a la parrilla en hoja de banano.

Christina's Shoreditch £

Ideal para cafés y cócteles, abierta todo el día. Pídase un café exprés, un *chai* o un té negro japonés *moriuchi koucha* con algún dulce de la Chestnut Bakery.

Leroy ££

Restaurante capitaneado por dos sumilleres que apuestan por una cocina sencilla, que fue reconocida con una estrella Michelin en el 2019, al año de abrir. Almuerzo de dos platos por solo 24 £/persona.

Map Maison £

Coctelería *premium* de Kingsland Rd, en Haggerston, con fabulosos mezcladores y una selecta carta de cócteles japoneses. También sirven tapas, *brunch* o un rico té/merienda.

Rapsa ££

Este increíble restaurante filipino de fusión en Hoxton propone un fantástico y copioso *brunch* los fines de semana. Dura 100 min e incluye *prosecco,* daiquiri de lichis y otras bebidas para acompañar.

F Cooke £

Buen *pie* tradicional del East End, con puré de patatas y jugo de carne *(gravy)* en este café de Hoxton. También es uno de los pocos sitios donde aún sirven anguilas con gelatina, otro clásico.

E Pellicci £

Hay pocos sitios que reflejen la genuina cultura británica del café como este de Bethnal Green. Para zamparse un clásico desayuno inglés o una lasaña, entre otros.

Restaurantes de lujo

Moro £££

Concurrido restaurante de Clerkenwell con una carta estacional de platos norteafricanos y españoles. Con suerte, habrá pechuga de pichón soasada con puré de ajos y pimientos secados al sol.

St John Bar & Restaurant £££

Al doblar la esquina desde el Smithfield Market, este restaurante tiene platos ma-

F Cooke.

ravillosamente británicos como el caldo de cordero y cebada, y urogallo. El edificio era un viejo ahumadero y, salvo por la mano de pintura blanca, ha cambiado poco.

Bourne & Hollingsworth Buildings £££

Medio restaurante, medio invernadero de Clerkenwell, aquí preparan platos con productos británicos de temporada, como fletán ahumado y carne de venado soasada.

Galvin La Chapelle £££

Los hermanos Galvin deparan una experiencia gastronómica especial en un maravilloso edificio neoclásico de Spitalfields, a base de comida tradicional francesa con un toque contemporáneo.

Brat £££

Intenso festival gastronómico de cocina tradicional vasca en pleno Shoreditch. El lugar hace sentir al comensal como si estuviera en la misma cocina (con estrella Michelin). El plato estelar es el rodaballo cocinado en una plancha de hierro.

Cerveza y comida

The Exmouth Arms

Este *pub* victoriano de azulejos verdes que dio nombre al mercado no pasa desapercibido. Los sándwiches de patatas fritas comparten carta con los *arancini* de *kimchi* y se pueden acompañar con una pinta de *pale ale*.

Coin Laundry

Espacioso bar y cocina donde tomar platos de temporada con cerveza artesana y de barril. Los domingos, tradicional *roast beef* británico.

ALEX SEGRE/ALAMY STOCK PHOTO ©

E Pellicci.

The Angelic

Espacioso *pub* que propone una maravillosa carta británica y *roast beef* (los domingos) con buena cerveza. Tiene un salón en la parte de arriba, y terraza.

TT Liquor

Nada en su humilde entrada hace sospechar que desde su terraza hay unas vistas espectaculares de Londres. Para degustar una *pizza* de *'nduja* con una cerveza artesana o un martini de sandía.

London Shuffle Club

Para disfrutar de una gran velada con amigos, ya sea jugando al *shuffle* de pista o de mesa, acompañada de *pizza* y cerveza.

Descubrimientos 'vintage'

Rokit

Emblemática tienda de ropa *vintage*, en activo desde la década de 1980, ideal para descubrir piezas muy especiales de diseño, *denim* y ropa militar.

ESTE DE LONDRES

CULTURA | MERCADOS | BEBIDA

Otras experiencias en línea

- **Ruta por los mercadillos más auténticos**

ESTE DE LONDRES
Plan de viaje

IMPRESCINDIBLES Y JOYAS OCULTAS

He aquí el que siempre ha sido el "Londres de los emigrantes", ya sea el de los muelles o el de Whitechapel, que colinda con la City, solo que ahora es el Londres más de moda, donde décadas de mezcla de culturas ha resultado en los exóticos mercados *gourmet* de Brick Lane, en los lugares alternativos de copas cerca de Hackney Wick y en una historia y un patrimonio de lo más fascinante.

Información

Ideal para Cultura indoasiática, mercados abarrotados y microcervecerías vanguardistas.

Duración Para conocerlo todo bien hay que dedicarle cuatro días.

Cómo desplazarse Metro, autobuses y bicicletas TfL.

Consejo De viajar con poco dinero, váyase a los mercados de barrio, como el de Whitechapel Rd, mucho más baratos.

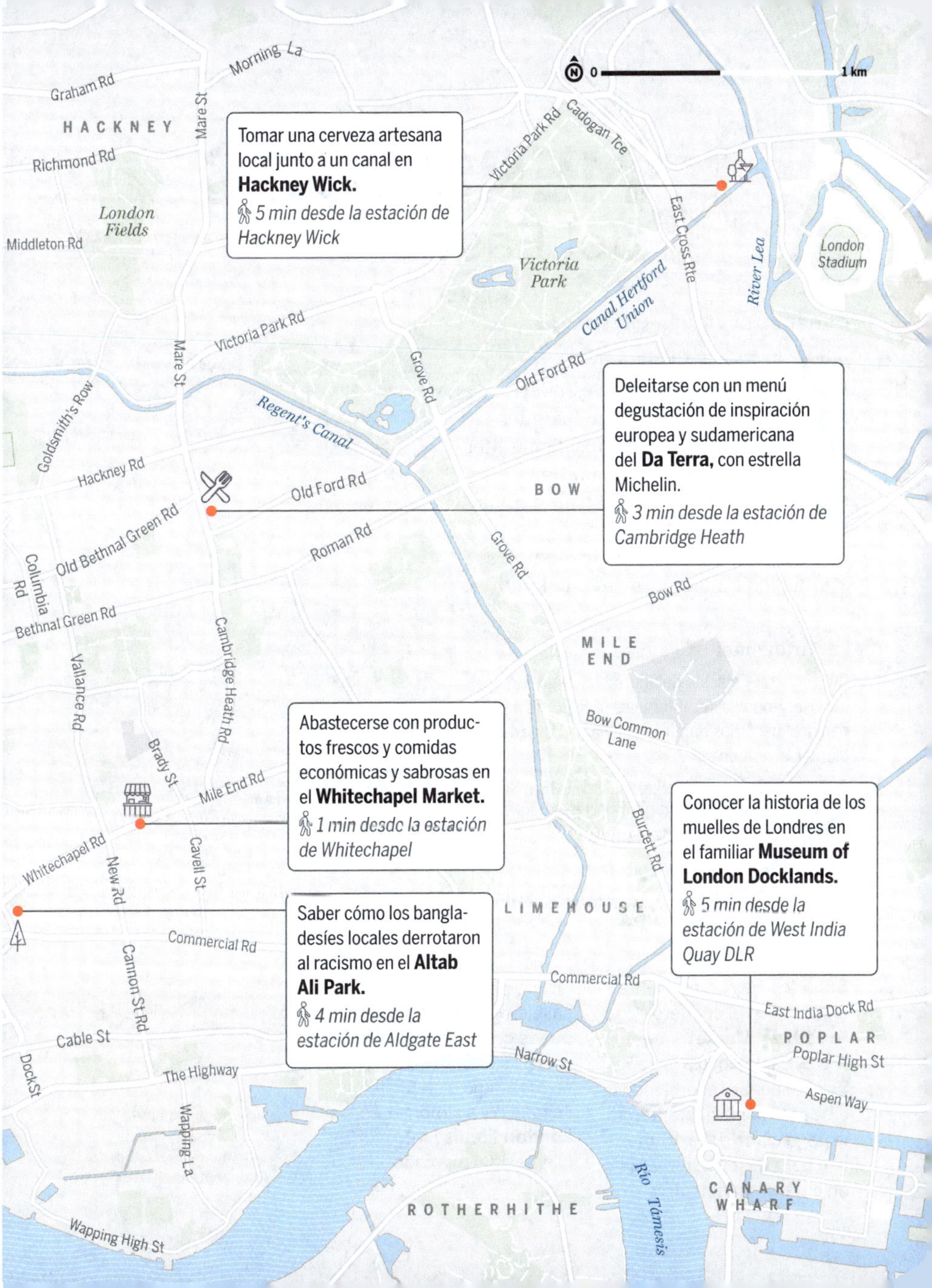

0
1 km
Morning La
Graham Rd
HACKNEY
Mare St
Richmond Rd
London Fields
Middleton Rd
Tomar una cerveza artesana local junto a un canal en **Hackney Wick.**
5 min desde la estación de Hackney Wick
Victoria Park Rd
Cadogan Tce
East Cross Rte
River Lea
London Stadium
Victoria Park
Canal Hertford Union
Victoria Park Rd
Mare St
Grove Rd
Old Ford Rd
Regent's Canal
Goldsmith's Row
Hackney Rd
Old Ford Rd
BOW
Deleitarse con un menú degustación de inspiración europea y sudamericana del **Da Terra,** con estrella Michelin.
3 min desde la estación de Cambridge Heath
Old Bethnal Green Rd
Roman Rd
Grove Rd
Columbia Rd
Bethnal Green Rd
Bow Rd
Cambridge Heath Rd
MILE END
Vallance Rd
Bow Common Lane
Brady St
Abastecerse con productos frescos y comidas económicas y sabrosas en el **Whitechapel Market.**
1 min desde la estación de Whitechapel
Mile End Rd
Whitechapel Rd
New Rd
Cavell St
Burdett Rd
Conocer la historia de los muelles de Londres en el familiar **Museum of London Docklands.**
5 min desde la estación de West India Quay DLR
Saber cómo los bangladesíes locales derrotaron al racismo en el **Altab Ali Park.**
4 min desde la estación de Aldgate East
LIMEHOUSE
Commercial Rd
Commercial Rd
Cannon St Rd
East India Dock Rd
POPLAR
Poplar High St
Cable St
Narrow St
Dock St
The Highway
Aspen Way
Wapping La
Río Támesis
CANARY WHARF
ROTHERHITHE
Wapping High St

24 MERCADOS del East End

COMPRAS | CULTURA | MERCADOS

El East End siempre ha tenido fama por sus mercados, y estos tres, entre Brick Lane y Hackney, son los mejores entre los modernos. Separados por un agradable paseo, son una opción fabulosa para pasar un día; hay de todo, desde plantas baratas y ropa *vintage* hasta algunos de los mejores almuerzos étnicos *gourmet* de Londres.

Información

Cómo llegar Estación de Shoreditch High Street del Overground o los autobuses nº 8, 26, 78 o 149 para los mercados dominicales. Para el Broadway Market, el autobús nº 394.

Cuándo ir Broadway Market: 9.00-17.00 sa; Brick Lane's Sunday Market: 10.00-15.00 do; Columbia Road Flower Market: 8.00-14.00 do.

Días de lluvia El cercano Spitalfields Market, que abre a diario, es cubierto y además tiene muchos puestos curiosos y *food trucks*.

Sábados Hay un ambiente animado en el coqueto **Broadway Market.** que recuerda un poco a la época Victoriana. Se recomienda empezar por las estanterías *vintage* cerca del extremo sur, para después tomarse un café vietnamita amenizado por algún músico callejero. Acto seguido se puede comprar pan artesano y aceitunas, un delicioso *thali* indio o un falafel vegano para almorzar en los **London Fields** junto a otros clientes del mercado.

Pág. siguiente arriba: puesto de pan en el Broadway Market. **Pág. siguiente abajo:** puesto de antigüedades en el Brick Lane's Sunday Market.

ALEX SEGRE/SHUTTERSTOCK ©

TONY BAGGETT/SHUTTERSTOCK ©

'Beigels' en Brick Lane

Ninguna visita a Brick Lane está completa sin entrar en la famosa **Beigel Bake,** que tiene los mejores (también de precio) *salt beef beigels* de todo el este de Londres, además de pastelitos recién horneados. La cola lo delata.

Domingos Antaño un mercadillo donde los vecinos se deshacían de trastos que ya no querían, el **Brick Lane Market** es hoy uno de los lugares más de moda los domingos. Además de ser el mayor mercado de comida *halal* del East End, está bien para rebuscar entre arte curioso, antigüedades, artículos de piel, ropa *vintage* y mucho más. Luego, se puede seguir a la marea humana hasta el **Columbia Road Flower Market,** al norte, donde antes de intentar encontrar alguna ganga vegetal, lo suyo es perderse por los callejones y patios escondidos. Los comerciantes de Columbia Road han conservado el encanto de los antiguos mercados del East End y se les escucha gritar sus mercancías mucho antes de verlos. Una vez en posesión de esa planta, se puede invertir en una maceta de diseño en alguna de las tiendas circundantes.

25 Hackney Wick EFERVESCENTE

BEBIDA | JUNTO AL AGUA | CERVECERÍAS

En ningún otro lugar del este de Londres se verán tantos *hipsters* con pintas de cerveza artesana junto al agua. Es inimaginable la de microcervecerías que hay en los antiguos almacenes junto al canal. Este solía ser un rincón que solo conocían los más enterados, pero eso ya se acabó y ahora los fines de semana se pone hasta la bandera.

KATHARINE ROSE/ALAMY STOCK PHOTO ©

Información

Cómo llegar La estación de Hackney Wick del Overground queda cerca de todo el meollo.

Cuándo ir El ambiente es muy festivo durante los meses más cálidos, cuando la gente alarga las jornadas hasta tarde en las terrazas junto al canal o se lleva la cerveza a los parterres de césped.

Fermentados sin alcohol Hay que buscar la bici-bar con remolque Kompassion Kombucha si se prefiere algo fermentado (como té chino) pero sin alcohol.

CKTRAVELS.COM/SHUTTERSTOCK ©

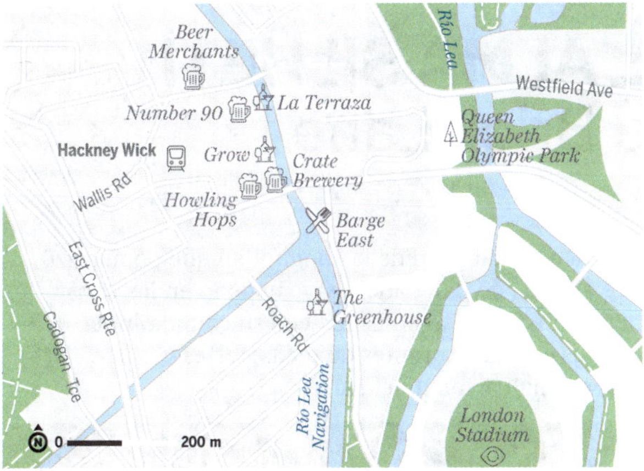

Beber junto al canal Muy popular, en el **Grow,** de día un café comunitario, de noche las luces parpadean y una línea de bajo rebota en el agua mientras la gente *cool* de Wick se dispone a pasarlo bien. Un poco más abajo están el igual de solicitado **Number 90,** un *pub* medio restaurante medio galería de arte con fabulosa música en directo, y **La Terraza,** un pintoresco jardín junto al canal donde se puede beber al fresco todo el año.

Para rincones más tranquilos, **The Greenhouse** es un sitio acogedor y con buenos DJ los fines de semana. Por su parte, el **Beer Merchants Tap,** todo relax, tiene excelente cerveza belga artesana y un *food truck* con exquisitas hamburguesas *gourmet* justo delante.

The Wick's Microbrewers Crate Brewery, igualmente junto al canal, con su propia cerveza, ofrece *pizzas* muy imaginativas para absorber todo el alcohol que, sin duda, se trasegará. La **Howling Hops Brewery & Tank Bar** es legendaria por estos lares por su oferta de cervezas "de lúpulo generoso" que también elaboran *in situ*: la Tropical Deluxe Pale Ale y la House IPA son las más populares. También aquí está el Tank Bar, que asegura ser "el primer bar de Reino Unido que sirvió cerveza directamente del barril", en concreto de 10 enormes barricas –sí, se ha leído bien–.

Pág. anterior arriba: Gow. **Pág. anterior abajo:** Howling Hops Brewery & Tank Bar.

De compras sostenibles

Cada fin de semana de 10.00 a 15.00, los aledaños del **Barge East Restaurant** se convierten en un pequeño mercado sostenible de barrio donde se vende queso *gourmet*, pan artesano elaborado por la propia Building Four Micro Bakery de Wick y, cómo no, cerveza de una de las muchas microcervecerías.

26 EL ALMA SILHETI de Brick Lane

CULTURA | COMIDA| PATRIMONIO

Este itinerario se adentra en el corazón de la comunidad que popularizó Brick Lane por sus curris, los silhetis de Bangladés, cuyo ingenio en los años sesenta y setenta les llevó a conquistar el Reino Unido con su comida india híbrida, la misma que hoy se sirve en restaurantes de todas partes y, hasta cierto punto, llegó a considerarse la cocina nacional del país.

NIGELSPIERS/SHUTTERSTOCK ©

Información

Cómo llegar Las estaciones de metro y del Overground son Aldgate East y Shoreditch High Street. Los autobuses nº 25 y el nº 8 llegan a esta zona.

Cuándo ir Los domingos, para poder combinarlo con un paseo por el animado mercado de alimentación y de objetos *vintage* de Brick Lane.

Bazar bangladesí Lleno de verduras bangladesíes como si fuera un gran bazar de Sylhet, en el Taj Stores se encontrarán esas viandas exóticas que se comieron en el Graam Bangla.

Lo que se escucha en la calle

Pocos saben que los silhetis de Bangladés tienen su propio idioma, distinto al bengalí. El silheti naghori, que es como se conoce, es hoy básicamente oral, aunque se está intentando recuperar su alfabeto.

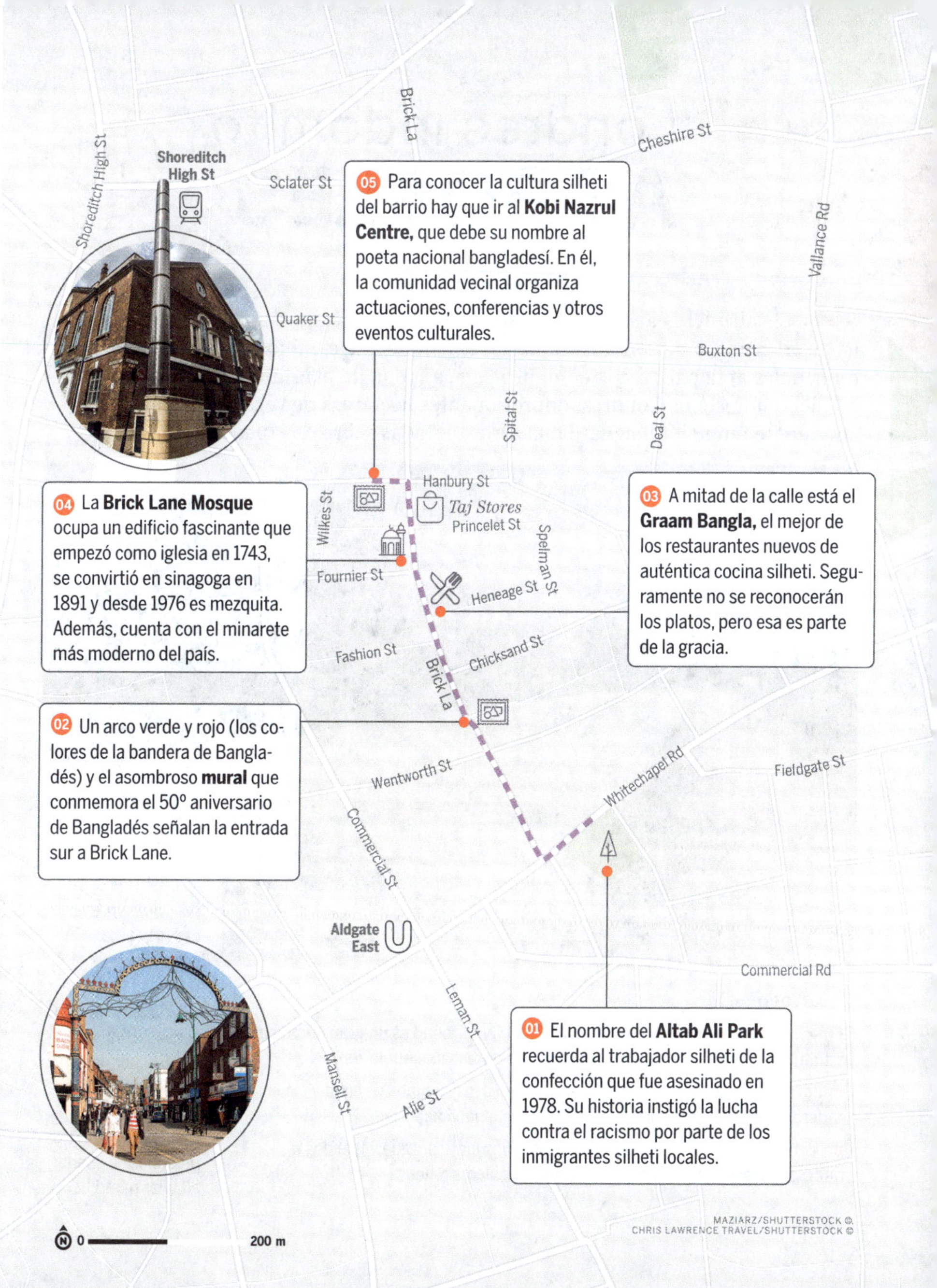

01 El nombre del **Altab Ali Park** recuerda al trabajador silheti de la confección que fue asesinado en 1978. Su historia instigó la lucha contra el racismo por parte de los inmigrantes silheti locales.

02 Un arco verde y rojo (los colores de la bandera de Bangladés) y el asombroso **mural** que conmemora el 50º aniversario de Bangladés señalan la entrada sur a Brick Lane.

03 A mitad de la calle está el **Graam Bangla,** el mejor de los restaurantes nuevos de auténtica cocina silheti. Seguramente no se reconocerán los platos, pero esa es parte de la gracia.

04 La **Brick Lane Mosque** ocupa un edificio fascinante que empezó como iglesia en 1743, se convirtió en sinagoga en 1891 y desde 1976 es mezquita. Además, cuenta con el minarete más moderno del país.

05 Para conocer la cultura silheti del barrio hay que ir al **Kobi Nazrul Centre,** que debe su nombre al poeta nacional bangladesí. En él, la comunidad vecinal organiza actuaciones, conferencias y otros eventos culturales.

27 Londres indómito A PEDALES

CICLISMO | NATURALEZA | FAUNA

El valle del Lea serpentea desde la exuberante campiña de Hertfordshire hasta adentrarse en Londres con su agradable red de caminos de sirga, pantanos y humedales apta para recorrer en bicicleta, a modo de placentera experiencia rural en pleno noreste de Londres. Impresionantes hectáreas de vegetación y agua con abundante fauna local aguardan a ser exploradas sobre dos ruedas.

CKTRAVELS.COM/SHUTTERSTOCK ©

Información

Cómo llegar La estación de Hackney Wick del Overground es un gran punto de partida, también con infinidad de lugares para refrescarse por la zona.

Cuándo ir Mejor evitar los fines de semana, pues los caminos de sirga y los senderos están muy concurridos, sobre todo cuando hace calor.

Una cerveza junto al agua Hay agradables *pubs* junto al agua, incluidos el Princess of Wales y el Anchor & Hope, muy populares ambos.

El canal en canoa

Para quien prefiera explorar el canal a golpe de remo, **Moo Canoes** tiene una caseta apostada en el canal conforme se pasa por debajo de White Post Lane, en Hackney Wick. Las canoas para tres personas se pueden alquilar para 1 h.

01 El **Lea Canal Towpath** es el camino axial; por él se llegará a los lugares listados a continuación. Hay que seguir la concurrida calle cerca de la estación de Hackney Wick y después, ir al norte.

02 Se puede entrar en los **Hackney Marshes** para ver un partido de fútbol en estos famosísimos campos de aficionados antes de pedalear por un agradable tramo del río Lea donde, si hace calor, se puede también remar un poco.

03 En los **Walthamstow Marshes** hay vacas que pastan, muchas zarzamoras y un centro de equitación donde se puede acariciar a los preciosos caballos.

04 Los alabados **Walthamstow Wetlands** ofrecen paseos guiados por sus enormes embalses, hábitat de fauna y aves migratorias.

05 Para tomar un café o comer, la zona de Here East no está mal; para algo más tranquilo, sígase por el canal hasta el **Markfield Café,** en el Markfield Park.

28 UN DÍA EN Dalston y Clapton

COMIDA | ESPACIOS PÚBLICOS | AIRE LIBRE

Los barrios de Dalston y Clapton son parte de la animada municipalidad de Hackney. Ofrecen la posibilidad de deleitarse con comida callejera, curiosear en mercados abarrotados, sumergirse en sus comunidades multiculturales y rematarlo todo en un conocido garito de *jazz*.

G TORRES/SHUTTERSTOCK ©

Información

Cómo desplazarse Las estaciones de Dalston Junction y Dalston Kingsland del Overground están en el centro de Dalston. Hay varios autobuses que comunican y recorren los dos barrios.

Cuándo ir Ridley Road Market: hasta 16.00 lu-sa; Chatsworth Road Market: 10.00-16.00 do.

Consejo Mejor llegar pronto para evitar las largas colas en los restaurantes temporales de la zona.

PADMAYOGINI/SHUTTERSTOCK ©

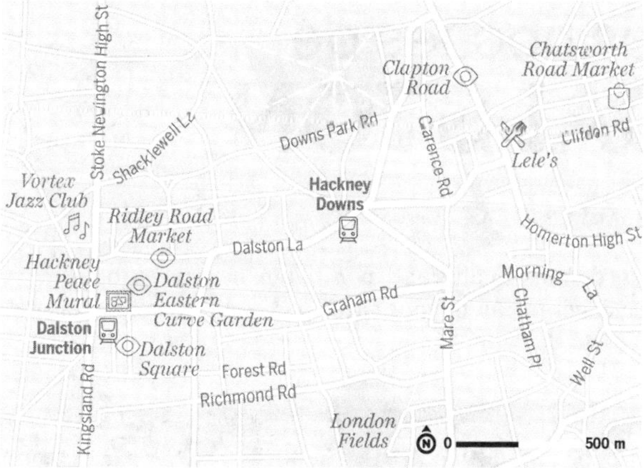

Pág. anterior arriba: **Ridley Road Market.** **Pág. anterior abajo:** Dalston Eastern Curve.

No se conocerá Dalston hasta haber estado en el **Ridley Road Market.** Si no se escucha música *reggae* y *dancehall* a todo trapo, es que aún hay que caminar hasta las tiendas de Sierra Leona y Ghana, los coloridos puestos de frutas y verduras, y los tenderos que repiten sin cesar *"A pound a bowl!"* (ibol a una libra!). Si se tiene hambre, es fácil conseguir tentempiés indios o de Oriente Próximo. Al amanecer, los vendedores montan los tenderetes, que no recogen hasta que anochece, cuando los patinadores del barrio toman este espacio abierto.

El **Chatsworth Road Market,** en Lower Clapton, renació en el 2010 tras un paréntesis de algo más de 20 años; hoy hay desde puestos de comida, frutas y verduras, productos de panadería y quesos, hasta artesanías y ropa. Desde el mercado es fácil llegar al Millsfields Park, los Hackney Marshes y el río Lea. También queda cerca **Clapton Road,** antaño conocida como la "milla del crimen" debido a un repunte de delincuencia a caballo entre el cambio de siglo. Hoy su reputación ha sido restablecida y es una calle concurrida, apta para cortarse el pelo, probar un pastel vegano en el **Lele's** y comprar vino en la conocida **Mr Singh's** (Just Drinks, 58 Lower Clapton Rd), con música rap del Reino Unido que entretiene a los transeúntes.

Las mejores experiencias al aire libre

Dalston Eastern Curve Garden Fundado en el 2010 para dotar al barrio de más espacio verde, este frondoso jardín se puede visitar gratis y cuenta con un café donde sirven bebidas y pasteles caseros.

Arte urbano Al salir del Eastern Curve Garden, repárese en el **Hackney Peace Mural,** en el que personas de diferentes etnias, culturas y contextos sociales celebran juntas un variopinto Carnaval. Ray Walker pintó este restaurado mural en 1985.

Gillette Square Por aquí se ven muchos vecinos de Dalston y, al doblar la esquina, está el inigualable **Vortex Jazz Club,** donde siempre hay buen ambiente. Este garito atrae a muchos amantes del *jazz* cada semana; y en las noches de verano, si el tiempo acompaña, hasta hay parejas que se animan a bailar en la plaza.

29 Las noches de DALSTON

ALMA | DIVERSIDAD | TREPIDANTE

Si gustan las *playlists* de música alternativa, *hip hop, new music* o un poco de todo, en Dalston se encontrarán buenos sitios para salir de noche, ya se busque tranquilidad o una pista de baile.

WAYNE TIPPETTS/ALAMY STOCK PHOTO ©

Más opciones nocturnas

Voodoo Ray's Además de deliciosa pizzería, es un punto de encuentro de las mentes creativas.

Brilliant Corners Acogedor bar japonés con vinos y licores importados de Japón. Algunas noches un DJ pincha música suave a modo de perfecta introducción al fin de semana, cuando suele llenarse.

Untitled Bar Con una carta exquisita de inspiración asiática y otra de cócteles imaginativos, resulta difícil decidirse.

Información

Cómo llegar La estación de Dalston Kingsland del Overground está en pleno meollo.

Cuándo ir En verano, la energía y la animación aumentan, pero el resto del año también hay mucho ambiente.

Consejo Nadie se quedará sin poder entrar a un bar o club de Dalston o Clapton por cómo vaya vestido, ya sea con deportivas, hawaianas o en pijama.

01 Se puede empezar la noche con una película de autor en el **Rio Cinema.** De estilo art-déco y en funcionamiento desde 1901, es uno de los pocos cines independientes que aún quedan en el este de Londres.

02 El **Istanbul Restaurant** quizás no tenga la fachada más atractiva, pero el personal es simpático y profesional y los platos están ricos, todo recién hecho.

03 El **EartH Hackney** es el lugar por excelencia para conciertos y espectáculos de artistas internacionales, nuevos y consolidados, pero también un bar de barrio ideal para sumergirse en diferentes géneros musicales.

04 Ir al **Escudo de Cuba** para cócteles, tapas, bailar y sabor a La Habana, con reguetón y salsa de fondo.

05 El **Ruby's** es un bar y *lounge* subterráneo con música tranquila pero alegre, muebles rústicos, cócteles excelentes y *jazz* en directo.

NADIR KEKLIK/SHUTTERSTOCK ©, ESCUDO DE CUBA ©

Sugerencias

NO TE PIERDAS...

Cenas con estrella Michelin

Da Terra £££

El restaurante con dos estrellas Michelin de Bethnal Gree ofrece un menú degustación caro pero impresionante, de inspiración europea y sudamericana.

Lyle's £££

Uno de los restaurantes con estrella Michelin más informales de estos lares, cerca de Brick Lane, donde el chef James Lowe apuesta por la cocina británica clásica y de plena estación.

Behind £££

El Behind de Hackney fue noticia porque a los 20 días de abrir recibió su primera estrella Michelin, y todo se debe al menú del chef Andy Beynon, principalmente de pescado sostenible.

Mercados de barrio

Whitechapel Market

Célebre por su selección de frutas y verduras exóticas, además de por su comida callejera bangladesí, este es un lugar ideal para comer picante y comprar ropa de mercadillo, todo a muy buen precio.

Petticoat Lane

Es uno de los mercados más antiguos de Londres, antaño famoso por sus telas económicas; hoy, también se han colado los omnipresentes carritos de comida y los puestos de artículos más exclusivos.

Bethnal Green Market

Este mercado diario, al igual que su hermanado de Whitechapel, combina las frutas y verduras exóticas que gustan a la comunidad bangladesí del barrio con ropa económica de mercadillo.

Roman Market

Típico mercado del East End en su momento popular por su ropa de marca falsa. Hoy, esos puestos compiten cada vez más con los de comida *gourmet* y de artículos exclusivos.

Comidas asiáticas

Shalamar Kebab House £

Aunque todo el mundo recomiende el Tayyabs, para comida paquistaní genuina y sin florituras en un lugar frecuentado por lugareños, este es el mejor sitio.

Kar Woo £

Como demuestra la cola, los bangladesíes del barrio no han conseguido mantener en secreto este lugar de comida para llevar durante demasiado tiempo. Sirve platos clásicos chinos con un picante giro bangladesí.

Red Chilli £

Clásico restaurante anglo-indio donde comer clásicos de primera como pollo *tikka masala* a precios maravillosos y lejos del ajetreo turístico.

Etles Uyghur £

Hay que desplazarse hasta Walthamstow para probar en este restaurante que parece el comedor de la casa del dueño los platos uigures (chino-túrquicos) más genuinos de Londres.

Petticoat Lane.

Shinwari £

El afgano favorito de esta autora está en el este de Londres, pero bastante al este. Hay que sentarse en una tarima con las piernas cruzadas y esperar el humeante *kabuli pulaw* y el plato de carne picada delicadamente especiada *keema palak*.

Nakhon Thai £

En un lugar impresionante con vistas a los muelles reales, aquí sirven genuinos platos thai como el curri *massaman* y arroz glutinoso con mango. Para una experiencia deliciosa y potencialmente romántica.

Ambiente 'vintage'

Beyond Retro

La que fuera una de las primeras tiendas vintage del East End, supuestamente patrocinada por algunas celebridades, aún ocupa un enorme almacén de una bocacalle de la principal Brick Lane.

East End Thrift Store

Al bajar por un callejón victoriano, delante de una residencia de estudiantes, esta tienda la frecuentan muchos jóvenes por sus habituales ofertas *fill a bag* (llena una bolsa) por 5 y 10 £.

Brick Lane Vintage Market

Fantástico y compacto grupo de puestos y tiendas donde los domingos aumentan la demanda y los precios; no es lo mejor para encontrar chollos, pero sí por el ambiente.

Backyard Market

Mercado para curiosear joyas artesanas, artículos *vintage* y regalos originales de comerciantes independientes que se reúnen aquí cada fin de semana.

Museos y galerías

Museum of the Home

Sito en unas casas de beneficencia de 300 años y rebautizado hace poco para distanciarse de los vínculos con el histórico donante del comercio de esclavos transatlántico, este museo examina las maneras de relacionarse con el propio hogar.

YAU MING LOW/SHUTTERSTOCK ©

Backyard Market.

Museum of London Docklands

En un antiguo almacén georgiano de azúcar, este museo presenta una maravillosa exposición sobre el comercio y la industria de los muelles, incluida una lograda e interactiva sección infantil.

Ragged School Museum

En una antigua *ragged school* (escuela para niños desamparados) que da al Regent's Canal, en este coqueto museo se explica la historia de cómo los pobres de Londres recibieron educación en estas instituciones filantrópicas.

Whitechapel Gallery

La primera galería del East End, por la que han pasado desde las pinturas de la mexicana Frida Kahlo hasta las fotografías alemán Thomas Struth, sigue a la cabeza del arte contemporáneo de la zona.

Chisenhale Galleries

Buen lugar para ver la obra de artistas marginados e ignorados. Aquí se han presentado exposiciones como *Essential Black Art* y *Yellow Peril: New World Asians*.

HAMPSTEAD Y EL NORTE DE LONDRES

HISTORIA | NATURALEZA | BEBIDA

www.galtonflowers.com
The shop & Academy

HAMPSTEAD Y EL NORTE DE LONDRES

Plan de viaje

IMPRESCINDIBLES Y JOYAS OCULTAS

Solo en el centro de Londres hay más placas azules y residentes famosos que en los acomodados barrios de Hampstead y Highgate, donde enormes casas adosadas y el famoso Heath acogen a residentes espectrales y tiendas y mercados de anticuarios. Por su parte, los animados y multiculturales barrios de Islington y Stoke Newington tienen mezquitas de estilo otomano, la mejor cocina anatolia y recónditos emplazamientos rurales.

Información

Ideal para Experimentar un Londres rural y un patrimonio multicultural.

Duración Hay que dedicarle cuatro o cinco días.

Cómo desplazarse Lo más práctico para moverse por el norte de Londres es el Overground.

Consejo Hampstead y Highgate son caros; en Camden y Kentish Town se puede comer por menos.

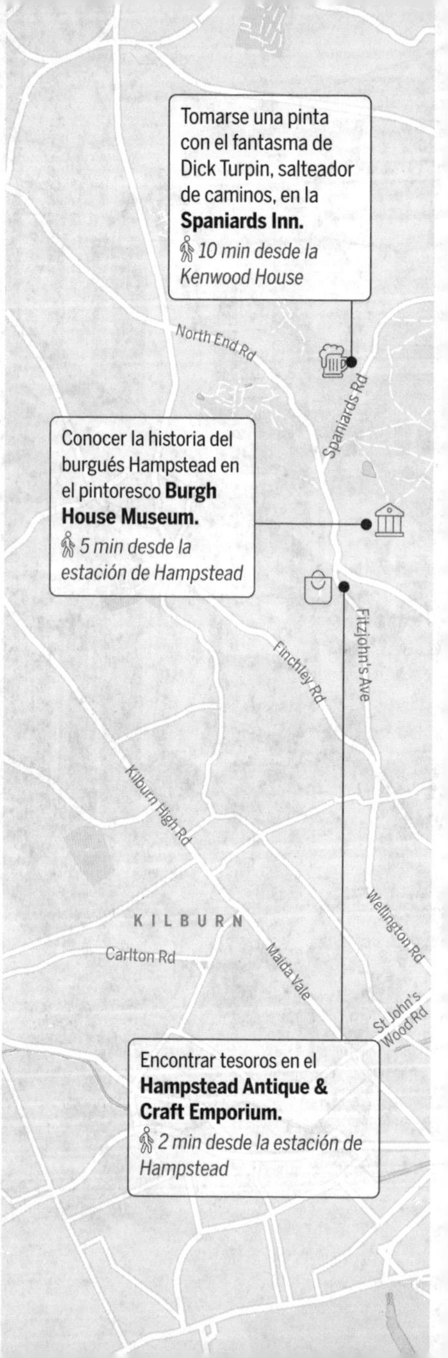

Saludar al padre del socialismo, Karl Marx, en el **cementerio de Highgate.**

15 min desde la estación de metro de Archway

Embobarse bajo la cúpula otomana de la **Aziziye Mosque.**

10 min desde la estación de Dalston Kingsland

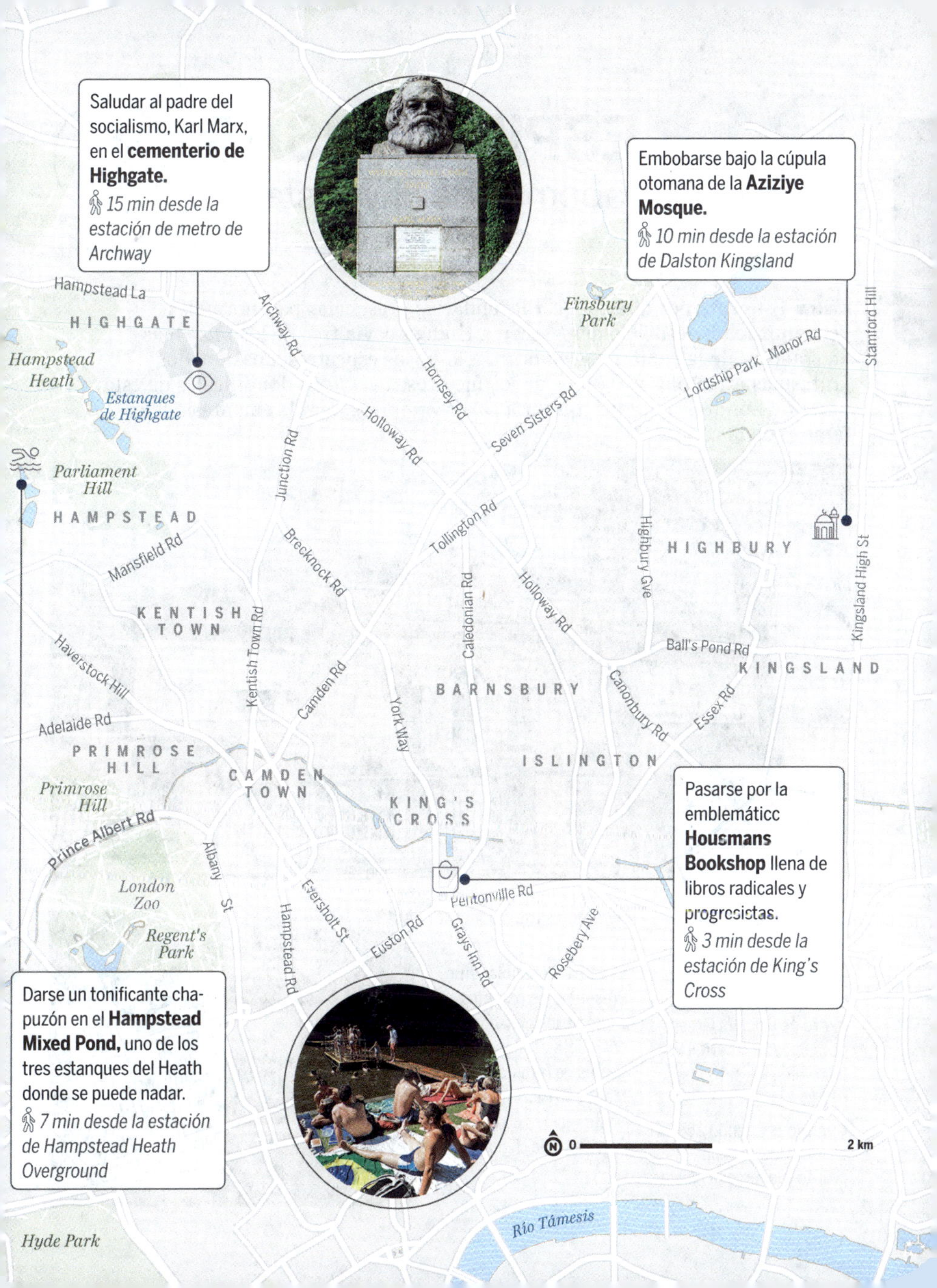

Pasarse por la emblemática **Housmans Bookshop** llena de libros radicales y progresistas.

3 min desde la estación de King's Cross

Darse un tonificante chapuzón en el **Hampstead Mixed Pond,** uno de los tres estanques del Heath donde se puede nadar.

7 min desde la estación de Hampstead Heath Overground

30 ESPIRITUOSAS
tabernas de Hampstead

TERROR | HISTORIA | 'PUBS'

Esta ruta permite conocer legendarias presencias paranormales de Hampstead, desde Golders Green a Highgate, vía tres de los *pubs* más aterradores de la capital. Se conocerá a famosos espectros, apasionados fantasmas españoles y algunos de los mejores *roast beefs* dominicales de esta parte de Londres, para luego salir a cazar vampiros por el cementerio más famoso de la capital.

VICKY JIRAYU/SHUTTERSTOCK ©

Información

Cómo llegar El Old Bull & Bush queda a un corto paseo de la estación de metro de Golders Green de la línea Northern; también valen los autobuses nº 210 y 268.

Cuándo ir Cuando acorta el día, la luz se disipa pronto y la famosa niebla de Londres trepa por el Heath.

El padre del socialismo Presentar los respetos a uno de los pensadores occidentales más influyentes de la historia; Karl Marx y su maravilloso busto residen en el East Cemetery de Highgate.

OLIVIER GUIBERTEAU/SHUTTERSTOCK ©

Pág. anterior arriba: The Old Bull & Bush. **Pág. anterior arriba:** cementerio de Highgate.

Se empieza en **The Old Bull & Bush,** donde en 1987 se descubrió un esqueleto rodeado de material quirúrgico tras una pared; los habituales afirman ver una figura victoriana amortajada sentada en la barra. Después se va al este hasta uno de los *pubs* más antiguos de Londres, **The Spaniards Inn,** donde se conocerá al primero de los apasionados espectros españoles de Hampstead: el propietario de la posada del s. XVII, Juan Porero, asesinado por su hermano en un duelo por una mujer. Esta posada fue también la morada del temible y famoso asaltador de caminos Dick Turpin. En los márgenes orientales del Heath está el **The Flask,** donde reside otro fantasma ibérico: la antigua tabernera perdidamente enamorada que se ahorcó en la bodega. Pero no está sola. Hay que estar ojo avizor al sentarse en los acogedores recovecos de este *pub* del s. XVII por si se ve a su espeluznante colega desapareciendo entre las columnas vestido de caballero.

Y para rematar la ronda está el cementerio más famoso de Londres, el **Highgate Cemetery,** donde residen un espectro con mortaja oscura, una monja que levita o una furiosa mujer de cabellos grises, además del legendario vampiro de Highgate, visto por primera vez en la década de 1960 cuando salía de las tumbas para atacar a los vecinos. Poco después se informó a la policía de la presencia de cadáveres de animales desangrados, y en la década de 1970 incluso se acometieron auténticas cacerías de vampiros en el cementerio.

A la caza de Drácula

Quienes lideraron la caza del vampiro de Highgate fueron el "mago" David Farrant y el obispo de la "Iglesia Católica Antigua" Sean Manchester. El viernes 13 de febrero de 1970 ambos aparecieron en televisión para comunicar que destruirían a la maligna criatura. Ello alentó a la turba que, con estacas rudimentarias, se presentó en el cementerio a las pocas horas del comunicado. Muchos entraron al camposanto y profanaron tumbas. Todo este culebrón terminó en 1973 cuando Manchester afirmó haber clavado una estaca en el corazón del vampiro en una casa llamada "casa de Drácula".

31 Norte de Londres OTOMANO

HISTORIA | CULTURA | RELIGIÓN

La A10 del norte de Londres atraviesa el corazón de la gran comunidad túrquica de la capital, el lugar ideal para probar la cocina anatolia, ya sea un sencillo *lahmachun* o un especiado *guvec* (estofado de cordero). Sin embargo, pocos saben que este es también el hogar de tres de las mezquitas más fascinantes de Londres, con algún que otro guiño a los antepasados imperiales de la comunidad: los otomanos.

DAN KITWOOD/GETTY IMAGES ©

Información

Cómo llegar Los autobuses nº 149 y 243 pasan por las tres mezquitas; las estaciones de Dalston Junction y Dalston Kingsland del Overground quedan en medio.

Cuándo ir Hay que consultar los horarios de las cinco llamadas diarias a la oración y no visitar las mezquitas en esas horas.

Baños otomanos Los baños turcos fueron en su día muy populares en Londres, hasta que, de repente, desaparecieron. ¡Pero ya han vuelto! Pruébese en Turkish Bath Hammam cerca de la Ramadan Mosque en la Crossway.

CKTRAVELS.COM/SHUTTERSTOCK ©

Todo en la **Suleymaniye Mosque** rezuma clasicismo otomano. Llamada como la más emblemática del Imperio, la Suleymaniye de Estambul, esta mezquita cuenta con una cúpula otomana clásica y un minarete de 66 m (al parecer el más alto de Reino Unido) como arrebatado del perfil urbano de Estambul. Fundada en 1994, en su también espectacular interior caben 3000 personas.

La **Ramadan Mosque** se inauguró en 1977 para atender a la comunidad turco-chipriota vecinal y ocupa la antigua Stoke Newington Synagogue. El fascinante diseño del edificio es andalusí, y en su interior destaca una insignia imperial otomana que decora el impresionante mimbar de piedra. También alberga un bonito café que acoge actos culturales para fomentar la armonía intercomunitaria.

Para acabar, la **Aziziye Mosque,** la más bonita de las tres, hasta 1983 fue un cine de películas de artes marciales y porno "blando". Aunque se conservó el edificio, se añadieron dos cúpulas doradas otomanas flanqueando la fachada y toda la estructura se revistió con los famosas baldosas azules otomanas de Iznik, dicen que importadas de Turquía. Dentro, una mullida moqueta, también azul, cubre el suelo bajo la impresionante cúpula central, decorada con exquisita caligrafía arábiga, motivos rojos y azules, y una araña de luces.

Pág. anterior arriba: Suleymaniye Mosque. **Pág. anterior abajo:** Aziziye Mosque.

Protocolo en las mezquitas

Cuando se visite una mezquita hay que recordar ciertas normas básicas: no entrar (de no ser musulmán) durante los cinco momentos diarios de oración; vestir de forma discreta (hombros cubiertos y faldas o pantalón por debajo de las rodillas) y, antes de acceder, descalzarse; las mujeres deben también cubrirse el pelo con un pañuelo. Hay mezquitas que solo permiten entrar a los hombres en la sala de oración principal, en cuyo caso las mujeres deben permanecer en la galería.

32 Chapuzón salvaje en EL HEATH

NADAR | NATURALEZA | AIRE LIBRE

Bucear, saludar a los curiosos patos que nadan y notar el roce de los juncos de agua mientras se dan unas brazadas en el lugar de baño más estimulante de Londres: bienvenidos a los estanques de Hampstead Heath, el único lugar de la capital apto para un "chapuzón salvaje".

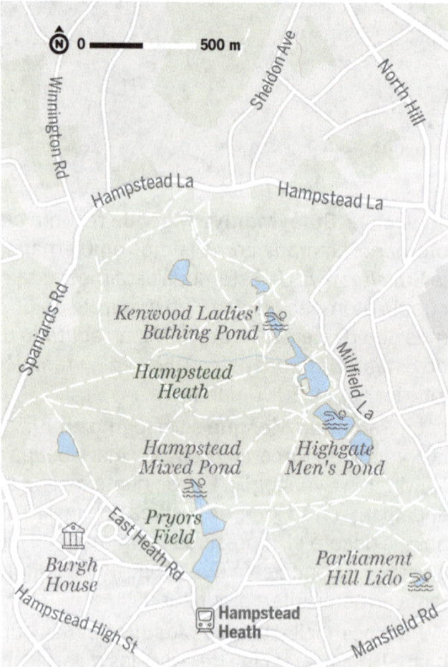

Información

Cómo llegar El autobús nº 214 pasa cerca de los estanques para hombres y para mujeres; la estación de Hampstead Heath del Overground queda cerca del estanque mixto.

Cuándo ir Los estanques para hombres y para mujeres abren todo el año; el mixto, solo de abril y octubre. Todos cobran una entrada simbólica.

Piscina al aire libre Para una piscina convencional, el Parliament Hill Lido está en la esquina sureste del Heath.

A principios del s. XIX, estos tres estanques –parte de un sistema de embalses que suministraban agua a Londres– se convirtieron en zonas de baño público al aire libre.

El **Highgate Men's Pond** (para hombres), junto a la entrada del Heath's Millfield, es el más grande y cuenta con una plataforma para zambullirse. Las orillas de esta enorme masa de agua son de hierba, con algunos árboles adultos y tupidas matas de juncos; bañarse aquí es como hacerlo en plena naturaleza, pese a estar en el corazón de la me-

Pág. siguiente arriba: Hampstead Mixed Pond. **Pág. siguiente abajo:** pato en un estanque de Hampstead Heath.

JEREMY HOARE/ALAMY STOCK PHOTO ©

ELIZAK/SHUTTERSTOCK ©

'Brunch' en el Burgh

No lejos del Hampstead Mixed Pond está el **Burgh House Museum,** una casa de principios del s. XVIII habilitada como espacio para arte, eventos e historia, además de su fantástica exposición permanente sobre Hampstead. También hay un encantador café donde sirven copiosos *brunches*.

trópoli, y más cuando hace frío y solo algunos lugareños curtidos se atreven a hacerlo. Esa placidez también se respira en el **Kenwood Ladies' Pond,** (para mujeres), a escasa distancia a pie al norte. Mucho más pequeño y rodeado por árboles frondosos cuyas ramas inferiores rozan la superficie del agua, este estanque para damas tiene un aire casi medieval. No es de extrañar que los asiduos hablen de experiencia "espiritual" cuando nadan en cualquiera de los dos. Para terminar, el **Hampstead Mixed Pond,** (mixto), al otro lado del Heath, junto a Pryors Field, siempre es el más socorrido cuando el calor aprieta (en invierno está cerrado).

TOP
Hampstead

01

02

03

01 Creps
Hay que hacer cola, pero las auténticas crepes francesas, sobre todo las saladas, de La Crêperie de Hampstead bien lo merecen.

02 Antigüedades y piezas de colección
Hampstead está lleno de anticuarios y mercados, como el amplio Hampstead Antique & Craft Emporium.

03 Estatua de Sigmund Freud
Fue uno de los residentes más famosos de Hampstead y, cómo no, al padre del psicoanálisis se le recuerda con una estatua delante del Tavistock College.

04 The Gallery
Disfrutar del *whisky*, las noches de *jazz* y las sesiones de DJ de este elegante bar, donde casi todo lo que se beberá procede de cerveceras, destilerías y bodegas locales.

04

05

06

05 Ham
Sofisticado e informal, el Ham ("hogar" en inglés antiguo) ofrece comida sencilla pero de lujo, como *saddleback* (costillas de cerdo) con cebollas asadas y pepino.

06 Kenwood House
Se puede fantasear con ser un lord en esta mansión del s. XVII del famoso Heath mientras se recorren sus impresionantes estancias.

33 Paradas abandonadas DEL TUBE

METRO | ESTACIONES FANTASMA | HISTORIA

El metro de Londres (Tube o Underground) no es solo un medio de transporte, sino también una parte emblemática de la vida capitalina. Y sus estaciones abandonadas, no siempre a la vista, ofrecen otra perspectiva del sistema.

NICK HARRISON/ALAMY STOCK PHOTO ©

El cierre de South Kentish Town

Aunque suene raro, una huelga en una central eléctrica obligó a cerrar esta estación por falta de suministro. Y se decidió no reabrirla, eso es todo. Se pueden examinar de cerca los azulejos exteriores y hasta entrar en la antigua estación, ahora ocupada por comercios.

Información

Cómo llegar La estación de metro de Kentish Town está en la línea Northern. Se puede entrar y salir del metro con la tarjeta Oyster.

Cuándo ir Todo el año.

Foto Fotografiar la réplica de la insignia redonda "roja" en el andén dirección este de Covent Garden.

Desvío Para almorzar, hay que desviarse hasta el London Transport Museum (Covent Garden Piazza), con su café y tienda.

Este itinerario ha sido confeccionado por Geoff Marshall, londinense, antiguo poseedor del récord mundial de viajes en el Tube, guía de "Hidden London" y que en el 2017 visitó las 2563 estaciones del National Rail de Gran Bretaña. @geofftech

01 Se sale de la estación de Kentish Town y se va a la izquierda por Kentish Town en dirección sur hasta el cruce con Castle Rd. El edificio de azulejos rojos (hoy una tienda) es el de la **estación de South Kentish Town** que cerró en 1924.

02 Se sigue a pie hacia el sur hasta Camden Town. Se toma el metro de la línea Northern hasta King's Cross. Se enfila hasta Grays Inn Rd y se gira enseguida a la izquierda por St Chad's Pl. Hay que asomarse por encima del muro para ver el andén abandonado de la primeral **estación de metro de King's Cross.**

03 Se regresa a King's Cross para tomar la línea Piccadilly hasta Holborn. Luego se caminar al sur por Kingsway hasta encontrar la **estación de Aldwych** en la bocacalle de Surrey St. Tiene dos letreros: uno en la calle principal y el de la entrada grande en Surrey St.

04 Se regresa a Holborn y se toma la línea Piccadilly hasta Green Park. Se anda al oeste por Piccadilly hasta Down Street. El viejo edificio de azulejos rojos de la **estación de Down Street** cerró en 1934.

05 Se camina al oeste hacia **Hyde Park Corner.** Un edificio en desuso sigue ahí en el lado oeste del cruce en Knightsbridge; la entrada actual está debajo de la calle. El edificio de la abandonada estación ahora es un restaurante, pero se nota lo que fue.

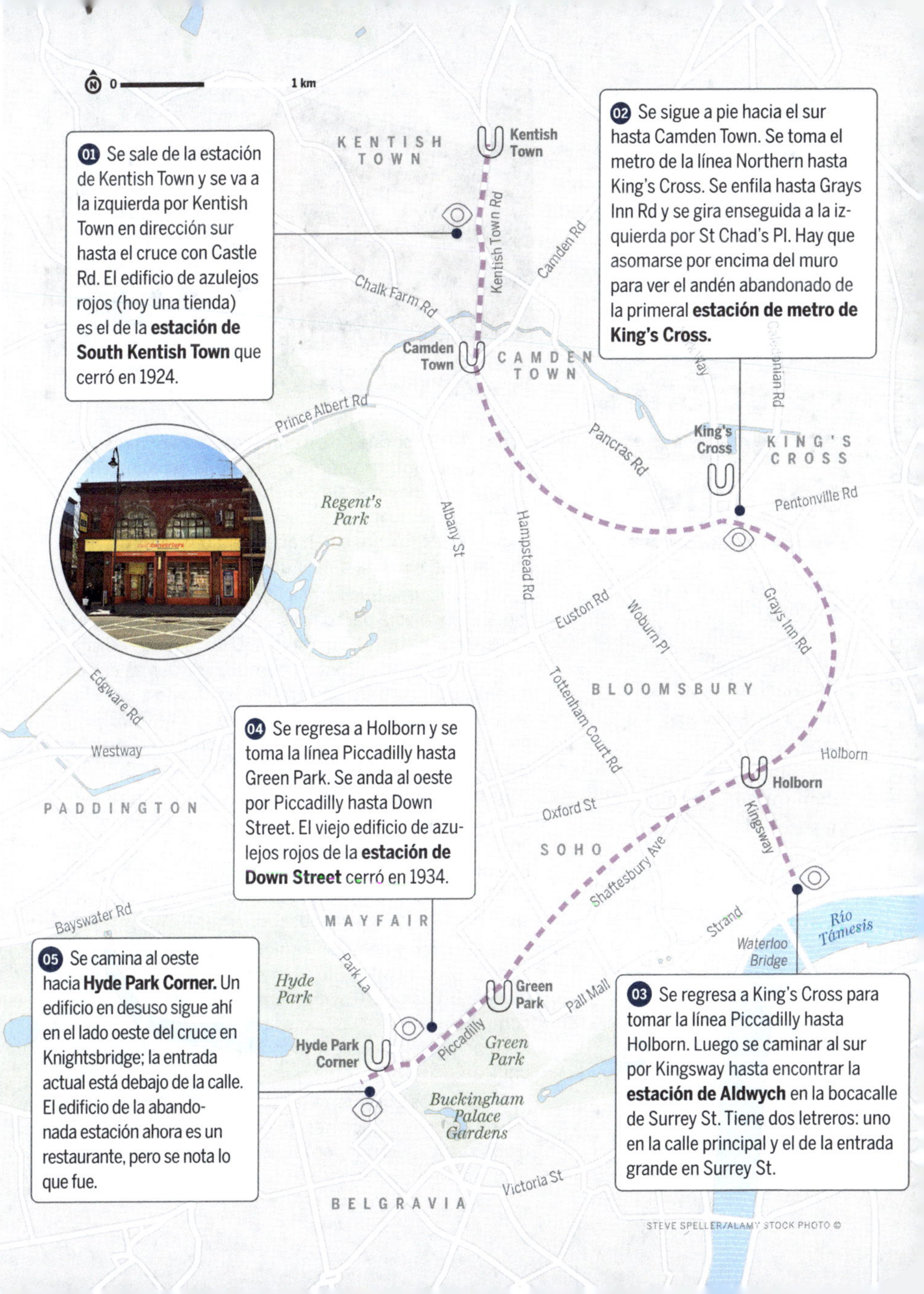

STEVE SPELLER/ALAMY STOCK PHOTO ©

Por Geoff Marshall
Geoff es londinense, antiguo poseedor del récord mundial de viajes en el Tube, guía de "Hidden London" y que en el 2017 visitó las 2563 estaciones del National Rail de Gran Bretaña.
@geofftech

Estaciones en desuso del Tube

DONDE EL METRO YA NO PARA

Aunque se esté familiarizado con el metro de Londres, ¿qué se sabe de sus estaciones abandonadas o en desuso? Hay unas 50.

DRIMAFILM/SHUTTERSTOCK ©

¿Unas 50? ¿Por qué no un número exacto? La respuesta es otra pregunta: ¿cómo defines una estación en desuso? Las hay que siguen abiertas, pero cuyo edificio original no se utiliza, otras que han sido reubicadas, por lo que técnicamente están abandonadas, etc., etc. Hay muchas maneras de definir una estación abandonada.

Podría decirse que la más famosa es la de Aldwych, ramal de una sola parada desde Holborn, cuyo número de usuarios había caído a solo 450 poco antes de su cierre; no era nada práctica porque si se perdía el tren de enlace en Holborn se llegaba más rápido a pie a la siguiente estación. Y así, a finales de 1994 –y por el coste de la renovación de los ascensores– Aldwych pasó a engrosar la lista de estaciones abandonadas.

La primera estación abandonada del Underground fue la de King William Street. Situada en lo que hoy sería la línea Northern, justo al lado del Monument to the Great Fire of London, se inauguró en 1890 y funcionó hasta 1900, cuando se amplió la línea. Sus húmedos túneles siguen ahí, bajo los edificios modernos.

Se abrieron y cerraron estaciones a lo largo de los años porque, al principio, el metro no era un sistema unificado. Las construyeron empresas diferentes que competían entre sí hasta que, en la década de 1930, con la creación del London Transport Passenger Board, se unificaron.

Durante las dos guerras mundiales también se cerraron algunas estaciones que nunca volvieron a abrir. Otras se clausuraron porque estaban demasiado cerca

De izda. a dcha: estación de Mornington Crescent; estación de Aldwych; un circuito de Hidden London por los túneles de Euston.

RIGHTCLICKSTUDIOS/SHUTTERSTOCK ©

NICK HARRISON/ALAMY STOCK PHOTO ©

entre sí. O se reconstruyeron y reubicaron; Osterley, p. ej., en la línea Piccadilly, estaba 500 m más arriba de la línea y se trasladó a un lugar más conveniente. Muchos pasajeros que van o vienen del aeropuerto de Heathrow pasan veloces por andenes abandonados sin siquiera percatarse.

Se pueden ver estaciones en desuso en los circuitos de Hidden London o en *tours* guiados por el interior e inmediaciones de viejas estaciones, muy recomendables para los entusiastas del Tube. De no poder bajar, aún quedan muchas estaciones en desuso en la superficie. A mí me encantan las de azulejos rojos "sangre de buey" creadas por el arquitecto Leslie Green.

De no poder bajar, aún quedan muchas estaciones en desuso en la superficie.

Leslie Green y el Tube

Leslie Green es un renombrado arquitecto que diseñó varias estaciones para el metro de Londres a principios del s. XX. Se caracterizaban por el revestimiento exterior de azulejos rojos color "sangre de buey" en estructuras de dos pisos y armazón de acero con ventanas semicirculares en el 1er piso e interiores también con azulejos que seguían un patrón decorativo.

Varias de sus estaciones siguen en activo. Son inconfundibles. El ayudante de Green, Stanley Heaps, siguió con su obra cuando Green murió prematuramente de tuberculosis en 1908 a la edad de 33 años.

Sugerencias

NO TE PIERDAS...

Dónde tomar un 'brunch'

Roni's £

En Swains Lane, en Highgate, el Roni's ofrece un *brunch* norteafricano; el *shakshuka* se sirve con pan de pita recién elaborado, aún caliente.

Brew House £

Aquí lo que importa es el marco, el interior de la neoclásica Kenwood House, del s. XVII, con vistas al famoso Heath. Los fines de semana sirven desayunos ingleses completos hasta las 11.30.

Breakfast Club £

Esta institución de Islington se llena los fines de semana. Todos los que hacen cola van a pedir el Full Monty o su equivalente vegano, el Reggie the Veggie.

Casas-museo

Freud Museum

La casa del padre de la psicoterapia conserva muchos de sus objetos personales, incluido el famoso diván. También fue la residencia de su hija, Anna Freud, y tiene una encantadora zona ajardinada.

Keats House

Aquí es donde vivió el famoso poeta, y aún se pueden ver muchos de sus poemas y cartas originales, además de poder sentarse en el mismísimo jardín donde, presumiblemente, escribió su "Oda a un ruiseñor".

Fenton House

Esta impresionante casa del s. XVII alberga una encomiable colección de arte postimpresionista inglés y un jardín de flores cuidadosamente escogidas que explotan de color en primavera.

William Morris Gallery

Los estampados y patrones de William Morris vuelven a estar de moda. Su casa familiar permite conocer a este gran emprendedor y lo que le inspiró.

Libros bonitos

New Beacon Books

Cerca del Finsbury Park, esta pequeña librería se especializa en la obra de autores negros y en libros sobre cultura negra.

Black Gull Books

Esta espléndida librería de segunda mano tiene dos tiendas: una pequeña en Camden y otra más grande en East Finchley, ambas con una buena oferta sobre ciencias sociales.

Amnesty International Bookshop

Bien organizada y llevada por personas encantadoras que apoyan los derechos humanos, esta fabulosa librería de segunda mano está junto a la estación de trenes de Kentish Town.

Stoke Newington Toys & Books

Esta pequeña sucursal de la aplaudida librería epónima es ideal para llevar a los niños para

Keats House.

que escojan algún clásico y/o juguetes relacionados con libros.

Housmans Bookshop

Cerca de King's Cross, esta emblemática librería, llevada por un personal amable, apuesta por los libros feministas y LGTBIQ+, además de contar con una buena selección sobre políticos negros progresistas.

Placas azules de Hampstead

Noor Inayat Khan

Una agente secreto británico-india enviada por Gran Bretaña a la Francia ocupada durante la II Guerra Mundial vivió en nº 4 de Taviton St.

Charles Darwin

El naturalista del s. XIX que popularizó la teoría de la evolución vivió en una casa que hoy ocupa el Biological Sciences Building de la UCL.

Laurie Cunningham

El primer futbolista negro que representó a Inglaterra a nivel internacional y jugó en el Real Madrid vivió en el nº 73 de Lancaster Rd.

Anna Freud

La pionera del psicoanálisis infantil vivió en el nº 20 de Maresfield Gardens con su ilustre padre y su familia.

George Orwell

El novelista y ensayista político del s. XX, célebre por *1984* y *Rebelión en la granja*, vivió en el nº 50 de Lawford Road.

Rabindranath Tagore

El poeta y místico indio alcanzó fama mundial tras ganar el Premio Nobel de Literatura en 1913. Residió una temporada en el nº 3 de Villas on the Heath.

AC MANLEY/SHUTTERSTOCK ©

William Morris Gallery.

Ruth First

La activista y académica sudafricana que luchó contra el *apartheid* vivió en nº 13 de Lyme St con su marido Joe Slovo.

A la caza de antigüedades

Hampstead Antique & Craft Emporium

Un pequeño callejón con varios comerciantes que funciona desde finales de la década de 1960, con impresionantes artesanías de talentosos artistas locales.

Také Antiques

Un anticuario como los de antes, con la mercancía desparramada por la acera. Es simpático, aunque algo excéntrico.

Camden Passage

Los miércoles y sábados hay tres mercadillos contiguos donde buscar esa pieza de plata, porcelana o mueble que se resiste.

Fleming Antiques

De entre los pocos anticuarios que hay en los famosos establos de Camden, Fleming es uno de los mejores, con muebles interesantes, porcelanas y hasta animales disecados.

NOTTING HILL Y EL OESTE DE LONDRES

COMPRAS | PARQUES | MERCADOS

Explora Notting Hill en línea

NOTTING HILL Y EL OESTE DE LONDRES
Plan de viaje

IMPRESCINDIBLES Y JOYAS OCULTAS

Sede de la mayor fiesta callejera de Europa (el Carnaval de Notting Hill) y del mercado *vintage* más famoso del mundo, este dilatado trozo de la ciudad es una mezcla de calles y parques pintorescos, tráfico intenso y maravillosas tiendas de moda para todos los bolsillos.

Información

Ideal para Compras exclusivas, *vintage* y antigüedades; zonas verdes.

Cómo llegar Hasta varias estaciones, sobre todo en la zona 2, de las líneas District, Circle, Hammersmith & City, Piccadilly, Central, Bakerloo del metro y del Overground.

Cómo desplazarse Autobuses y trenes para distancias largas, y a pie.

Consejo Comprar aquí artículos *vintage* no sale barato, pero hay mucha calidad.

Ponerse el mono y sacar al Banksy Interior en un taller de grafitis en la **Graffik Gallery.**

4 min desde la estación de Ladbroke Grove

Sumarse al multitudinario **Carnaval de Notting Hill,** el mayor de Europa.

Junto a las estaciones de Ladbroke Grove, Westbourne Park y Notting Hill

Disfrutar de un precioso paseo junto al canal y sorprenderse con los teatros y curiosos restaurantes de **Little Venice.**

3 min desde la estación de Warwick Avenue

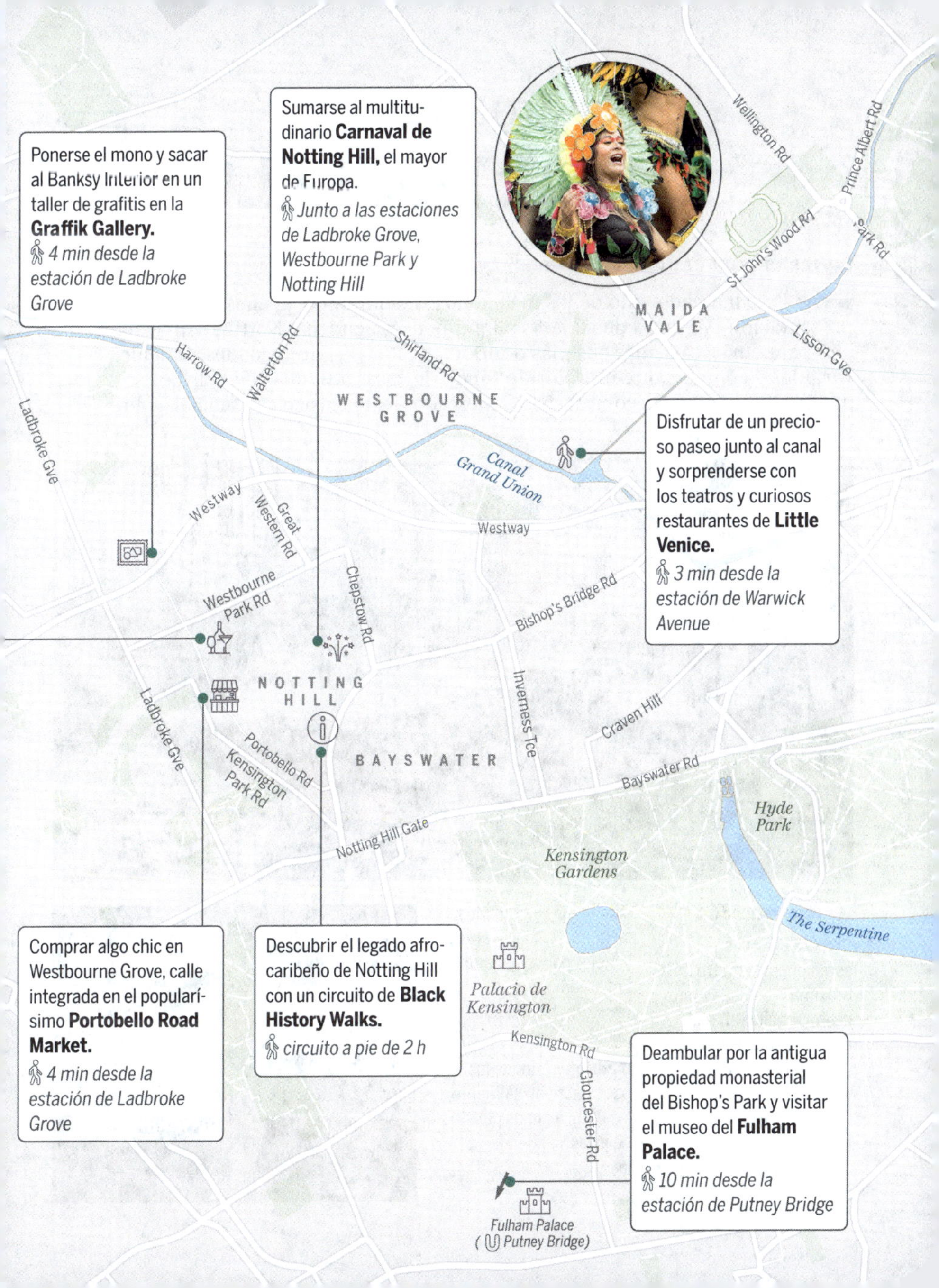

Comprar algo chic en Westbourne Grove, calle integrada en el popularísimo **Portobello Road Market.**

4 min desde la estación de Ladbroke Grove

Descubrir el legado afrocaribeño de Notting Hill con un circuito de **Black History Walks.**

circuito a pie de 2 h

Deambular por la antigua propiedad monasterial del Bishop's Park y visitar el museo del **Fulham Palace.**

10 min desde la estación de Putney Bridge

34 Rastreando PORTOBELLO

COMPRAS | MERCADOS | ANTIGÜEDDAES

Este mercado, uno de los más famosos del mundo, apenas necesita presentación. Millones de viajeros y londinenses acuden a Notting Hill cada año para curiosear entre sus más de 1000 puestos de antigüedades, artículos variados y comida, ante un colorido fondo de casas y tiendas de ladrillo. A quienes les gusten las compras y los mercados, este clásico es esencial, sobre todo los sábados.

WILLY BARTON/SHUTTERSTOCK ©

Información

Cómo llegar Las estaciones de metro más próximas (en cada punta de Portobello Rd) son las de Notting Hill Gate (líneas Central, Circle y District) y Ladbroke Grove (líneas Circle y Hammersmith & City). También hay autobuses.

Cuándo ir Los sábados, su gran día, o los viernes, y mejor por la mañana. Entre semana, más tranquilo, hay menos puestos.

Madrugar Aunque los sábados abre oficialmente a las 8.00, algunos puestos de joyas ya atienden a las 5.30.

GRACIELLADEMONNE/SHUTTERSTOCK ©

Un 'village' de mercados Portobello Road Market no es solo el animado mercado que ocupa toda la calle homónima, sino un racimo de mercados (con artículos y horarios diferentes) repartidos por varias calles de Notting Hill, que da cabida a los más de 100 000 visitantes que acuden cada fin de semana (con buen tiempo). Los cazadores de antigüedades deberían ir los sábados a Portobello Rd, entre las calles Chepstow Villas y Elgin Cres, 800 m que concentran los mejores artículos *vintage* y de colección. Para víveres y comida callejera, váyase por Elgin Cres hasta Talbot Rd, con puestos desde creps franceses hasta pollo a la brasa caribeño, así como pescado y marisco frescos, y quesos *gourmet* para llevar. La zona de Westway, donde se concentra la moda, actual y *vintage*, queda más apartada.

Tesoros escondidos La única galería comercial de la calle, **Portobello Green Arcade,** tiene tiendas independientes de categoría, sobre todo contemporáneas, y es un buen sitio para refugiarse del frenesí de la zona. El animado. **Acklam Village Market,** debajo de Westway, abre solo los fines de semana, con comida callejera global y un bar con música en directo gratis. Los turistas suelen pasar por alto el mercado que se instala en **Golborne Road,** que congrega a una gran comunidad portuguesa y marroquí, con tiendas y puestos que venden deliciosos pasteles de crema y cocina norteafricana.

Pág. anterior arriba: Portobello Road Market. **Pág. anterior abajo:** comida callejera en el Portobello Road Market.

Ir al mercado como un londinense

Llegar pronto

El mercado se llena a medida que avanza el día, sobre todo los sábados. Mejor llegar a las 9.30 o 10.00 los sábados.

No olvidarse de las bocacalles

Están llenas de tiendas, cafés y casas coloridas. No hay que perderse Lancaster Rd, por su hilera de casas, ni Blenheim Cres, por sus librerías.

Entrar a curiosear en las tiendas

Algunas se abren en un laberinto de salas, como la tienda de antigüedades Alice's, que es como una cueva de tesoros, llena de recovecos y artículos *vintage*.

Consejos de Julie Falconer, *bloguera de viajes local, @aladyinlondon*

35 El alma zen del HOLLAND PARK

NATURALEZA | HISTORIA | CULTURA

Aunque más modesto que otros parques de la capital, el Holland Park es uno de los más bonitos del oeste de Londres. Sus 22 Ha incluyen zonas boscosas, instalaciones recreativas, un majestuoso invernadero y la Holland House, de 1605. De sus maravillosos jardines, el Kyoto Garden es el más encantador, con una cascada que nutre un estanque de *kois,* entre linternas de piedra y flora japonesa autóctona.

GS_57/SHUTTERSTOCK ©

Información

Cómo llegar La estación de Holland Park (línea Central de metro) queda a 10 min a pie.

Cuándo ir En verano, por el tiempo y porque se celebra el Opera Holland Park, con nueve semanas de funciones.

Ver a las estrellas En el barrio de Holland Park viven algunos famosos, como Elton John y los Beckham.

FB93/SHUTTERSTOCK ©

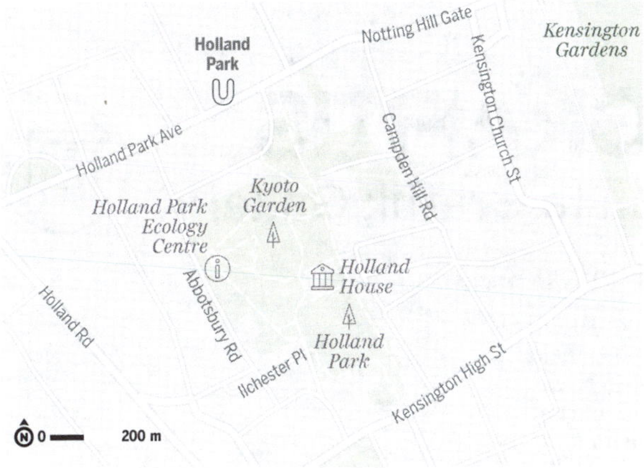

Pág. anterior arriba: Kyoto Garden.
Pág. anterior abajo: pavo real en el Kyoto Garden.

Desde Japón con amor El **Kyoto Garden,** construido en 1991, fue un obsequio de la Cámara de Comercio de Kioto para conmemorar su larga amistad con Gran Bretaña. Desde entonces, quienes visitan el Holland Park acuden a este pintoresco rincón para ver su estanque de *kois* y su cascada, deleitarse con los vivos colores primaverales y otoñales, y observar a los pavos reales que campan a sus anchas. Hay otro jardín japonés, el **Fukushima Memorial Garden,** en este caso obsequio de la embajada de Japón en el 2012 en agradecimiento a los británicos por su ayuda tras el devastador terremoto y tsunami de Fukushima del 2011. Ambos jardines brindan un fabuloso espacio de calma en el oeste de Londres.

El lado salvaje Aparte de los típicos animales de parque londinense como palomas y ardillas, en el Holland Park también hay pavos reales. Se puede organizar una visita al **Holland Park Ecology Centre** (rbkc.gov.uk/ecology), donde expertos ofrecen charlas sobre la increíble biodiversidad y ecosistema del lugar. Se montan actividades todo el año; p. ej., en otoño se ofrecen salidas como Fungi Foray, donde los grupos buscan, identifican y conocen las diferentes especies de hongos del parque, y el Autumn Bat Walk, un circuito con linternas con especialistas en murciélagos que se valen de detectores especiales para encontrar a estas criaturas nocturnas; y en verano hay circuitos para ver mariposas, anfibios y periquitos, y talleres de jardinería.

Consejos sobre el Holland Park

Visitar el Kyoto Garden en primavera, cuando florecen los cerezos y se cuelgan *koinobori* (banderolas japonesas en forma de carpa) sobre la pequeña cascada y el estanque de *kois*.

Estar atentos a los pavos reales, que suelen merodear por el Kyoto Garden. De no verlos, mírese hacia arriba, en los árboles, donde suelen dormir.

Asistir a un concierto de ópera en verano, con las románticas ruinas de la Holland House de telón de fondo. Debido a la gran demanda, cómprense las entradas lo antes posible.

Entrar por la puerta del suroeste, que da a Ilchester Pl, una de las calles más caras –y bonitas– de Gran Bretaña.

Consejos de Nicole Trilivas, *escritora de viajes local,* *@NicoleTrilivas*

36 GRAFITIS en la Graffik Gallery

ARTE URBANO | GALERÍAS | CULTURA

Londres tiene fama por su escena de arte urbano, y no hay mejor forma de descubrirla, adquirir piezas e incluso iniciarse en el tema que en la Graffik Gallery, en Portobello Rd. Este espacio sublime de arte urbano programa exposiciones temporales de artistas emergentes, posee una colección impresionante de figuras como Banksy y Bambi, y organiza talleres para hacer grafitis aptos para toda la familia.

Información

Cómo llegar La estación de Ladbroke Grove (líneas Circle y Hammersmith & City del metro) está a 5 min a pie de la galería.

Cuándo ir Fines de semana por la tarde (cierra a las 18.00). Hay que reservar los talleres de grafitis y las clases particulares con tiempo.

Arte asequible Hay obras (y objetos de regalo realizados por artistas) por menos de 150 £, y otras mucho más caras.

Graffik es una de las primeras galerías comerciales (si no la única) dedicadas al arte urbano, que representa a algunos de sus mejores artistas. No expone cuadros al estilo Matisse ni retratos del Viejo Mundo, sino, p. ej., trípticos en tablas de *skateboard* de Robin Coleman, señales de tráfico pintadas con aerosol por Tommy Gurr y provocativos grabados de edición limitada de Kunstrasen. Aunque el grueso de las piezas es relativamente asequible, también suele haber originales que cuestan 17 500 £ o más. Los

Pág. siguiente arriba: Graffik Gallery. **Pág. siguiente abajo:** grafiti en creación.

ROBERTO HERRETT/ALAMY STOCK PHOTO ©

DI NICK STARICHENKO/SHUTTERSTOCK ©

No está en venta

Hasta el edificio es una obra de arte (urbano): cuando se camina por Portobello Rd es fácil reconocer la galería, con ese mural de tres pisos de Dotmaster de una niña traviesa que pinta con aerosol la *Mona Lisa* en una fachada azul de ladrillo.

coleccionistas de verdad pueden reservar una visita para ver obras en venta de iconos del arte fallecidos como Andy Warhol o Jean-Michel Basquiat.

Crear arte urbano Graffik, mucho más *cool* que la típica galería de arte, también organiza talleres y clases magistrales para artistas urbanos en ciernes. Hay que ponerse guantes, gafas de protección y un mono azul para asistir a estas clases impartidas por expertos que enseñan a pintar con aerosol con plantillas sobre lienzo o *freestyle* sobre los muros del jardín de la galería. Se puede elegir entre los Weekend Graffiti Workshops (desde 44 £/adulto) y clases particulares. También es posible ir con niños ya crecidos para que participen. Hay una Family Experience Graffiti Class de 2 h dirigida a niños de 8 años o más; cada persona puede crear su propia pieza, o trabajar en grupo sobre un lienzo más grande.

37 Vagar por LITTLE VENICE

CANALES | COMIDA Y BEBIDA | TEATROS

Al norte de la atestada Paddington está la zona de adorables y coloridas casas flotantes de Maida Vale, donde confluyen el Regent's Canal y el Grand Union Canal. Junto a estos canales también hay sitios interesantes, como *pubs* de época, evocadores restaurantes y teatros únicos.

MASAMI K/SHUTTERSTOCK ©

La fiesta de las barcazas

Cuando más se anima Little Venice es el primer fin de semana (puente) de mayo, durante la **Canalway Cavalcade,** una emocionante fiesta junto al agua con más de 100 barcazas engalanadas. Hay puestos de comida y bebida, atracciones infantiles y conciertos.

Información

Cómo llegar La estación de Warwick Avenue (línea de metro Bakerloo) está a solo dos calles.

Cuándo ir De abril a septiembre, o siempre que haga sol.

Crucero por el canal Emprender una plácida travesía de 45 min en una barcaza por el Regent's Canal desde Little Venice hasta Camden Town (o viceversa) con London Waterbus Company (londonwaterbus.com).

01 Se puede comer junto al agua en **The Summerhouse,** un restaurante chic de pescado y marisco (p. ej., trucha de mar a la plancha y langosta), ideal para ver las embarcaciones.

02 Pedir una pinta, disfrutar de un tradicional asado dominical o competir en los concursos de los miércoles noche en **The Warwick Castle,** un popular *pub* chapado a la antigua (abierto en 1867), situado en una bocacalle.

03 Los **Rembrandt Gardens** son un pequeño pero bonito refugio cerca del Grand Union Canal, homenaje al hermanamiento de la City of Westminster con la ciudad de Ámsterdam (Países Bajos) en 1975.

04 Embarcar en el **Puppet Barge Theatre,** del canal, el único teatro flotante de marionetas de Reino Unido, para espectáculos únicos que encantan a niños y mayores; hay que reservar con antelación.

05 Subir a la parte de arriba del Bridge House Pub para conocer el **Canal Café Theatre,** una respetada sala alternativa con 60 butacas y un buen cartel de monologuistas y espectáculos de cabaré.

NO HAY QUE IRSE
de Londres sin...

01

02

03

04

05

01 Osito
Ir a los grandes almacenes Liberty para comprar un osito Icon London hecho a mano de la lujosa Grin & Bear.

02 Pósteres
Echar un vistazo a los fabulosos pósteres *vintage* de estaciones, monumentos y demás ionos de la capital en la tienda del London Transport Museum.

03 Taza
Recordar Londres con cada sorbito en una Quite Big London Mug, a la venta en John Lewis & Partners de Oxford St.

04 Galletas
Fortnum & Mason, proveedores de la casa real desde el s. XVIII, ofrece una exquisita selección de galletas *gourmet*, entre otros comestibles.

05 Té
Ir a la tienda insignia de Strand Twinings, la marca de tés británica por excelencia, y comprar una London Skyline Tea Collection de tres variedades.

06 Cuaderno de dibujo
Garabatear los lugares y actividades favoritas de la capital con Citysketch

06

07

08

09

10

11

London, disponible en librerías como Waterstones.

07 Llavero
Llevarse el famoso oso Paddington en formato Classic Paddington Keychain de su tienda homónima.

08 Abridor y sacacorchos
Hacerse con un económico, práctico y omnipresente abridor y sacacorchos en forma de, sí, cabina telefónica roja.

09 Portapasaportes
Viajar al estilo Hogwarts con un portapasaportes de piel de la Harry Potter Shop at Platform 9¾ en la estación de King's Cross.

10 Paño de cocina
Tras visitar el Natural History Museum, pasarse por la tienda del museo, donde venden alegres paños de cocina estampados con un antiguo diagrama de mariposas.

11 Ginebra
Visitar Berry Bros & Rudd, la tienda de vinos y licorería más antigua de Inglaterra, bien surtida de ginebras y sets de regalo.

Sugerencias

NO TE PIERDAS...

Casas históricas

Leighton House

Encontrar los impresionantes detalles arabescos y pavos reales disecados casi en el umbral del Holland Park en la restaurada casa de Frederic Leighton, artista del s. XIX.

Fulham Palace

La antigua (hasta el año 704) residencia de verano de los obispos de Inglaterra, situada en el Bishop's Park, ahora es un museo con circuitos guiados de historia, paseos por el parque y un café con terraza.

Sambourne House

Antiguamente conocida como 18 Stafford Tce, la renovada morada del humorista gráfico Linley Sambourne es hoy una ventana a la vida victoriana cerca del Holland Park.

Design Museum

Inspirarse en la enorme colección, la arquitectura y las exposiciones especiales de este museo aledaño al Holland Park.

Asistir a un espectáculo

Lyric Hammersmith Theatre

Espacio comunitario moderno y polifacético en pleno Hammersmith con una innovadora programación teatral (a precios asequibles) y una bonita azotea ajardinada.

Eventim Apollo

Escuchar los ecos de los míticos conciertos de David Bowie y los Beatles en esta sala de Hammersmith, con maravillosos elementos *art-déco* y un enorme órgano todavía intacto.

Bush Theatre

Acogedor e importante teatro en Shepherd's Bush que da voz a nuevos dramaturgos, muchos de ellos antes de saltar al famoso circuito del West End.

Cultura afrocaribeña

Carnaval de Notting Hill

Ponerse los zapatos de baile para disfrutar de una bacanal con sabor caribeño en la mayor fiesta callejera de Europa, que se celebra cada puente de agosto en Notting Hill y aledaños. Pasacalles, conciertos y mucho más.

Black History Walks

Aplaudidos circuitos por varias zonas de Londres; el de 2 h por Notting Hill es esencial, además de uno de los más instructivos.

Cafés, 'gastropubs' y bocados

The Cheese Barge £

Probar deliciosos quesos en este barco de dos pisos amarrado en la Paddington Basin. Hay tablas a buen precio, platillos y sándwiches de queso a la plancha.

Lowry & Baker £

Coqueto café de barrio en Portobello Rd. La vajilla desparejada es divertida y casa bien con los desayunos y *brunches*, con platos como brioche con ricota y tostada con champiñones.

Antipode £

Concederse un respiro del bullicio de Hammersmith en esta cafetería artesanal

Fulham Palace.

australiana. Triunfa el sándwich tostado de *kimchi* y cheddar curado; carta a disposición todo el día.

Crab Tree £££

Pub ribereño de Fulham, clásico, que no pijo, con una carta potente. Cuando hace calor, el enorme Orchard Beer Garden (y la barbacoa) es todo un imán.

The Cow ££

En este clásico de los *gastropubs* de Notting Hill sirven con orgullo Guinness, ostras y pescado de temporada. Está decorado con murales curiosos y retratos de vacas.

Harwood Arms £££

Puede que los *gastropubs* sean tendencia en Londres, pero el Harwood Arms, con estrella Michelin y sito en una discreta calle residencial cerca de Fulham Broadway, sube el listón.

Trailer Happiness £

En Portobello Rd, este bar polinesio *(tiki)* mejorado y especializado en ron sirve bebidas cargadas de tema isleño que maridan a la perfección con los platos caribeños de la Tetri Roti Shop, a cargo de la cocina del bar.

River Café £££

Mucho más sofisticado que el típico café, este buen restaurante italiano de Hammersmith, junto al Támesis, es toda una institución desde 1987. Cambios frecuentes en la carta y solo vinos italianos.

Caractère £££

La carta de alta cocina franco-italiana de este sitio elegante pero informal de Westbourne Park refleja la herencia de sus chefs, Emily Roux (nieta del legendario chef francés Michel Roux Jr) y Diego Ferrari, matrimonio.

Bush Theatre.

The Ginstitute ££

Visitar este templo de la ginebra de cuatro pisos en Portobello Rd para una clase magistral y/o una cata, aunque también sirven comidas (y otros licores).

Adictos a las compras

Couverture & The Garbstore

Couverture (ropa de mujer y artículos para el hogar) y The Garbstore (ropa para hombre) son dos tiendas en tres plantas, una inteligente *concept store* de Notting Hill con marcas de moda independientes e internacionales.

Stuarts London

Durante más de 50 años, esta excelente tienda del Shepherd's Bush Market ha marcado tendencia en el vestir masculino británico. Prendas de diseñadores de todo el mundo y una selección de ropa *vintage*.

Found And Vision

En esta *boutique* de Portobello Rd quizás se vea a algún famoso en busca de piezas de marca de épocas pasadas, desde sombreros de Chanel hasta vestidos floreados de Kenzo.

BRIXTON, PECKHAM Y EL SUR DE LONDRES

VIDA URBANA | CULTURA | PARQUES

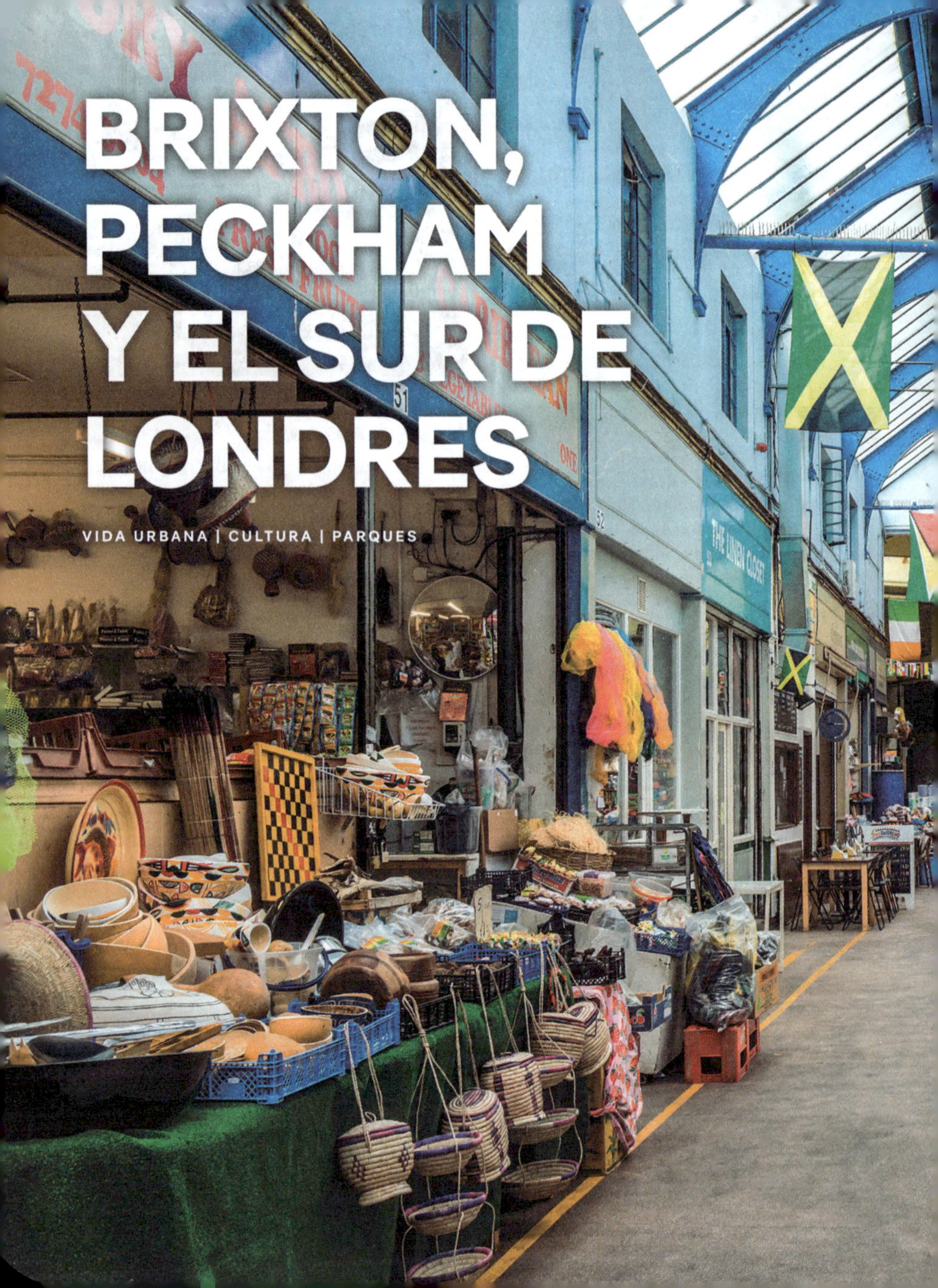

RACHEL & MALIKA
LONDON
THE KEEP

BRIXTON, PECKHAM Y EL SUR DE LONDRES
Plan de viaje

IMPRESCINDIBLES Y JOYAS OCULTAS

Conocidas ya las famosas atracciones del centro de Londres, toca aventurarse por el lado sur del Támesis para ver una cara más suburbana de la ciudad. Algunos de los barrios más diversos y excitantes de Londres están aquí, junto a excepcionales (y menos turísticos) parques urbanos y mercados.

Información

Ideal para Comida y bebida asequibles, tiendas multiculturales y espacios verdes cautivadores.

Cómo llegar Líneas de metro Victoria y Northern, y del Overground, además de trenes de National Rail.

Cómo desplazarse La buena red de autobuses cubre hasta las zonas de más difícil acceso.

Consejo La dilatada miscelánea de barrios del sur de Londres exige varios días de exploración.

Asistir a un espectáculo teatral inmersivo en la íntima **COLAB Tavern.**
10 min desde la estación de Elephant & Castle

Probar los excepcionales restaurantes multiétnicos de **Camberwell Church Street.**
10 min desde la estación de Denmark Hill

Beber, comer y/o bailar en el **Pop Brixton,** un divertido complejo de contenedores marítimos.
2 min desde la estación de Brixton

Explorar el distrito de naves industriales más sorprendente de Londres: el **Copeland Park & Bussey Building.**
4 min desde la estación de Peckham Rye

Conocer la historia de la diáspora africana en Gran Bretaña en los **Black Cultural Archives.**
4 min desde la estación de Brixton

Encontrarse con dinosaurios y esfinges en el inusual pero cautivador **Crystal Palace Park.**
5 min desde la estación Crystal Palace

38 Rye Lane de PECKHAM

MERCADOS | ARTE CONTEMPORÁNEO | BARES

Esta calle es el corazón de Peckham, el barrio más palpitante de la ciudad. Rye Lane toma el pulso al Londres multicultural, con sus mercados y tiendas, modernos complejos de naves industriales, restaurantes y grafitis. Y aunque amenazada por la gentrificación, Rye Lane aún conserva su carisma descuidado y efervescencia. ¡De visita ineludible!

DAVID JENSEN/ALAMY STOCK PHOTO ©

Información

Cómo llegar Con el Overground o el National Rail hasta la estación de Peckham Rye, junto a Rye Lane.

Cuándo ir Rye Lane se anima más por la tarde. De finales de primavera a principios de otoño las azoteas disfrutan de más horas de luz, y las noches de los fines de semana son un no parar todo el año.

Más de cerca En las bocacalles hay galerías comerciales y rincones por descubrir, al igual que debajo de los arcos ferroviarios de la estación de Peckham Rye.

PAT TUSON/ALAMY STOCK PHOTO ©

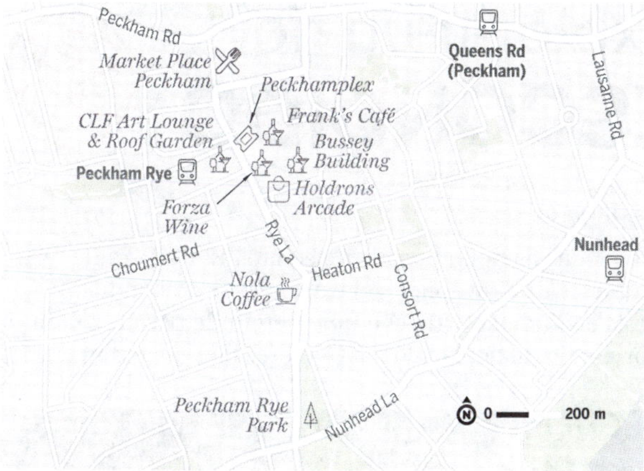

Pág. anterior arriba: cine en la azotea del Bussey Building. **Pág. anterior abajo:** Peckham Afro Foods Ltd.

De azotea en azotea Rye Lane quizás sea el lugar con la mayor concentración de bares de azotea de moda de Londres. Los más populares se reparten entre dos naves industriales ahora convertidas en centros polivalentes. El **Bussey Building** tiene uno concurrido de aires tropicales, y un cine al fresco también en otra azotea. Al cruzar la calle, la azotea de un aparcamiento se ha convertido en epicentro *hipster* y brazo de una organización de arte; es el **Frank's Café,** con las vistas definitivas de Londres. Más abajo, los nuevos vecinos son el **CLF Art Lounge & Roof Garden,** con vistas no tan buenas pero el más íntimo y agradable de todos; y el agasajado bar italiano **Forza Wine,** interior y exterior, que corona un edificio de ladrillo rehabilitado con espacios de *coworking* y un club nocturno subterráneo.

El mundo es un pañuelo Desde cafés nigerianos y colmados chinos hasta tiendas afganas de chollos y garitos veganos caribeños, el carácter multicultural de Rye Lane es insuperable. Personas de todo el mundo –muchos de ascendencia africana y caribeña– confluyen en esta abarrotada calle antaño considerada como la "Oxford St" del sur de Londres. La lista de tiendas y casas de comidas étnicas es interminable: tanto si se entra al nuevo **Market Place Peckham** con sus puestos de comida internacional y tiendas exclusivas, se pide un delicioso curri económico en el **Asian Takeaway,** se accede a la lateral Choumert Rd, llena de restaurantes y bares africanos, la sensación es la de haber dado la vuelta al mundo en solo 800 m.

Imprescindibles de Rye Lane

Box Holdrons Arcade

Peculiar y pequeña galería comercial, con tiendas *vintage* y su propia emisora de radio; algo así como una sobresaliente mezcla del viejo y el nuevo Peckham.

Peckhamplex

Todo un clásico del barrio. Es un cine muy barato (4,99/5,99 £ para películas estándar/en 3D) para cualquier sesión.

Nola Coffee

Sirven uno de los mejores cafés a este lado del Támesis. Es un espacio bonito y luminoso donde relajarse, aunque tampoco está mal llevarse el café al cercano Peckham Rye Park.

■ **Consejos de Julianna Barnaby,** *editora de London x London, @londonxldn*

39 Explorar un río ESCONDIDO

NATURALEZA | HISTORIA | SENDEROS

Este afluente del gran Támesis es un bucólico "secreto". El río Wandle fluye durante 14,5 km al noroeste de Croydon, en el extremo sur de Londres, hasta desaguar en el Támesis en Wandsworth, con una plétora de parques, fauna y edificios históricos de por medio. Este plácido paseo merece un día entero.

ABDUL SHAKOOR/GETTY IMAGES ©

Información

Cómo llegar Se puede acceder por varios puntos, según lo que se quiera caminar. Para una ruta de 9,5 km, desde Morden (desde la estación de Morden de la línea Northern) se sube hasta Wandsworth, en la confluencia del Támesis y el Wandle.

Cuándo ir De marzo a mayo para flores; de junio a agosto para buen tiempo; y octubre y noviembre por el follaje otoñal.

Qué ruta seguir Lo primero es conseguir un mapa; visítese la web del Wandle Valley Regional Park Trust (wandlevalleypark.co.uk/map) con posibilidad de imprimir itinerarios.

PAUL GAPPER/ALAMY STOCK PHOTO ©

Naturaleza y conservación El **River Wandle Trail** abarca una impresionante red de parques y reservas, gracias a la iniciativa de organizaciones benéficas medioambientales. Al pasear por las 4,5 Ha del bucólico **Wandle Meadow Nature Park,** con sus estanques pantanosos llenos de renacuajos y flora, jamás se adivinaría que aquí hubo una planta de aguas residuales. En la **isla Wilderness,** entre dos ramales del río, hubo un molino industrial y, más tarde, un jardín de recreo. Hoy el parque es una de las joyas del sendero. Una de las zonas más nuevas que orillan el Wandle es la frondosa **Watermeads Nature Reserve,** accesible, tras estar cerrada al público 100 años, desde el 2015.

Un paseo por el tiempo A lo largo del camino hay reliquias ribereñas de hasta el s. XII. El **Merton Priory,** un monasterio inglés fundado en 1114, estuvo abandonado durante siglos hasta que los arqueólogos hallaron los cimientos de su **sala capitular,** ahora un museo patrimonial. La **Carshalton Water Tower** era la estación de bombeo de una lujosa finca del s. XVIII donde se puede participar en un circuito guiado (solo do) para ver el bien preservado salón, el invernadero y los baños (con azulejos de Delft). Para saber por qué el Wandle estaba considerado como el "río más laborioso" de Londres (cuando había 90 molinos en funcionamiento en sus orillas), hay que desviarse del camino por London Rd hasta el **Wandle Industrial Museum.**

Pág. anterior arriba: River Wandle Trail. **Pág. anterior abajo:** Carshalton Water Tower.

Imprescindibles del camino

En el Morden Hall Park está la **Wetlands Boardwalk,** una red de pasarelas de madera que serpentean por los humedales.

Merton Abbey, antaño una importante fábrica textil, se ha rehabilitado como moderno epicentro de ocio con un mercadillo artesano, un teatro y un restaurante.

Hay que estar atentos a los tramos de **rápidos;** ese caudal llegó a mover más de 90 molinos que producían bienes como pólvora, papel, harina de trigo y tabaco rapé.

Cuando sube y baja la marea suena una vieja campana en **Wandsworth;** grabado en ella aparece *"I am rung by the tides"* ("Repiqueteo con las mareas").

■ **Consejos de David Fathers,** *autor e ilustrador local de varias guías de Londres, @fathers_walks_london*

40 En el Brixton Village MARKET

COMPRAS | MERCADOS | CULTURA

En el animado barrio de Brixton hay que visitar el Brixton Village Market (que incorpora el adyacente Market Row). Es el principal bazar internacional del sur de Londres, con tiendas asequibles, alimentos, coctelerías y un buen plantel de pequeños restaurantes (entre ellos, algunos de los mejores de Londres), todo dentro de un colorido espacio.

ELENACHAYKINAPHOTOGRAPHY/SHUTTERSTOCK ©

Información

Cómo llegar Está cerca de la estación de Brixton de la línea Victoria o de estación de Brixton del National Rail.

Cuándo ir El mercado, casi todo a cubierto, resulta encantador todo el año. Muchas tiendas cierran los domingos y lunes.

Una idea brillante Curiosear por el animado Electric Avenue Market (do cerrado), en la calle famosa por haber sido la primera con mercado del mundo que tuvo electricidad a finales del s. XIX.

CKTRAVELS.COM/SHUTTERSTOCK ©

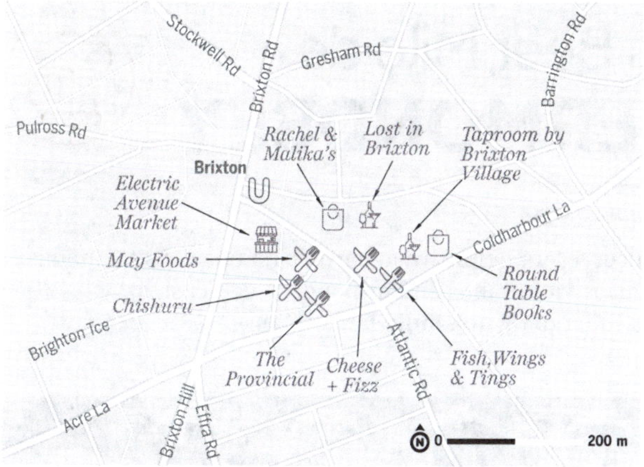

Mejores 'happy hours' Además de restaurantes y tiendas, en el Village también hay algunos bares y locales nocturnos recomendables. El **Taproom by Brixton Village** tiene cervezas artesanas independientes del sur de Londres, y el **Cheese + Fizz,** *raclette* trufada y champán para acompañar. Lo último es el **Lost in Brixton,** un bar informal de azotea, con terraza cubierta, en un rincón trasero (los guardias de seguridad lo delatan).

La experiencia caribeña y africana Brixton acoge a una numerosa comunidad negra británica desde el s. xx, y este mercado –antes conocido como Glanville Arcade– fue un vivo reflejo de ello. Hoy, la zona y el mercado tienen un perfil más global, que no gentrificado, pero aún quedan vendedores africanos y caribeños. Para comida caribeña, el **Fish, Wings & Tings** permite probar platos trinitenses al aire libre, y el contiguo **Eat of Eden,** propuestas solo veganas como curri de calabaza y boniato. De cocina africana, el **May Foods** tiene genuinos platos ghaneses, mientras que el **Chishuru,** a cargo de la premiada chef nigeriana Adejoké Bakare, deslumbra con una imaginativa carta de África Occidental. Si se va con niños, la inclusiva librería **Round Table Books** es una delicia, y los compradores compulsivos tienen **Rachel & Malika's,** con magníficas artesanías y artículos de regalo de África Occidental.

Pág. anterior arriba: Brixton Village Market. **Pág. anterior abajo:** Taproom by Brixton Village.

Las mejores comidas de mercado

The Provincial

Acogedor restaurante de cocina latinoamericana y tapas españolas. Pruébese el *brunch* Cali o Medellín con una mimosa o zumo fresco con jengibre tanto para empezar bien el día como a primera hora de la tarde.

Senzala Crêperie

En este clásico de Brixton sirven las mejores creps y *galettes* francesas... con un toque brasileño, como las imaginativas creps King Prawn Cajun o Rosa Squash.

Kaosarn

Este galardonado restaurante tailandés no se anda con chiquitas con sus suculentos *gang keaw waan, chu chi, pad thai* y demás. No hay que olvidar pedir arroz glutinoso.

■ **Consejos de Eulanda Shead Osagiede,** *jefa de contenidos en Hey! Dip Your Toes In @dipyourtoesin*

41 La Beer Mile de BERMONDSEY

CERVEZA | CIRCUITO A PIE | HISTORIA

En Londres, la ruta cervecera definitiva aguarda bajo unas fragmentadas secciones de arcos ferroviarios victorianos en Bermondsey, con casi 20 microcervecerías y bares a lo largo de una milla larga (2 km).

JESSICA LONG/ALAMY STOCK PHOTO ©

Cansado de cerveza

Como alternativa a la cerveza, en el extremo oeste de la "milla de la cerveza" hay dos destilerías de ginebra (**Bermondsey Distillery** y **London Distillery**) y la primera sidrería urbana de Londres, **Hawkes Cidery & Taproom,** con cata de sidras, clase magistral y deliciosas pintas.

Información

Cómo llegar Desde la estación de Bermondsey, en la línea Jubilee de metro, la alineación principal no queda lejos. La estación de South Bermondsey, del National Rail, está en uno de los extremos de la "milla de la cerveza".

Cuándo ir Los sábados, cuando las cervecerías tienen mejores horarios, o los viernes.

Llenar el estómago Antes de empezar a beber hay que comer, p. ej., en el cercano y bien valorado Maltby Street Market.

02 Un residente texano fundó la **Billy Franks Craft Beer & Snack Shack,** donde se pueden acompañar las cervezas con embutidos como Boozy Jerky marinada con IPA cítrica.

01 El **Barrel Project** es uno de los bares más bonitos de la Beer Mile. Las paredes de esta cervecería de la London Beer Factory cuenta con 200 barriles de roble donde envejecen las cervezas, desde IPA hasta *imperial stouts*.

03 El primer inquilino de la milla fue la **Kernel Brewery,** que luego se trasladó unos arcos más allá para ampliar su aforo.

05 La **Fourpure Brewing Co,** la taberna más al este de la Beer Mile –y la más grande–, es un cavernoso local donde despachan *lagers* e IPA de la casa, y otras 40 variedades de barril.

04 Aunque no elaboran cerveza, **EeBria** vale la pena por sus cambiantes ocho variedades de barril, generosa carta de cervezas embotelladas y sugerente terraza. Aunque solo abre los sábados.

GALERÍAS DE ARTE
del sur de Londres

01

02

01 South London Gallery
Esta renombrada y filantrópica galería de Camberwell encabeza numerosos proyectos de arte comunitarios a la par que acoge obras de figuras como Tracey Emin.

02 Bermondsey Gallery
Templo independiente de artistas emergentes y cotizados que exhibe pintura, fotografía, escultura y demás disciplinas artísticas.

03 Gasworks
Centro de arte contemporáneo en Kennington que apuesta por el diálogo intercultural, con exposiciones sonadas, talleres y estudios y residencias para artistas.

03

04

05

04 Newport Street Gallery

El icono del arte Damien Hirst inauguró esta impresionante galería de porte industrial en Vauxhall, donde expone su prolífica obra (y de contemporáneos suyos).

05 Dulwich Picture Gallery

Diseñada por el arquitecto inglés sir John Soane, la primera galería de arte del mundo construida para tal fin aún merece un respeto tras dos siglos de historia.

Sugerencias

NO TE PIERDAS...

Aire libre

Brockwell Park

Parque plácido y extenso al sur de Brixton con senderos, zonas infantiles, estanques con patos y la piscina Brockwell Lido. Búsquese una elevación en los verdes prados para amplias vistas de Londres.

Battersea Park

Parque famoso y familiar que se extiende junto al Támesis con un zoo infantil y un lago con botes de remo. Para lanzarse en tirolina y demás atracciones arbóreas, resérvese vía Go Ape *(goape.co.uk)*.

Dulwich Park

Uno de los parques más pintorescos de Londres desde 1890 (a la reina María de Teck le encantaba), con bosques, cuidados jardines, bicicletas de alquiler y estupendas *pizzas* de masa madre en el Dulwich Clock Café.

Burgess Park

En el mayor parque del barrio de Southwark, entre Camberwell y Peckham, se verán vecinos pescando en el lago, practicando deportes, preparando una barbacoa o tumbados en la hierba.

Crystal Palace Park

Inmerso entre barrios residenciales, este parque destaca por su laberinto, huerto urbano, lago con barcas, zona de *skate* y más de 30 esculturas de dinosaurios de la época victoriana.

Las mejores comidas

Tiwa N Tiwa £

Este modesto local, escondido junto a Peckham Rd, no podría ser más nigeriano. La *suya* (ternera fileteada a la parrilla con especias picantes, cebolla y tomate) es sensacional.

Kudu ££

En Queen's Rd, en Peckham, aguarda esta cocina sudafricana *gourmet* en un comedor de glamur *retro*. Sus *brunchs* son muy populares, con sándwiches de *boerewors* (salchichas) y pollo *peri-peri*, y Bloody Mary para beber.

Trinity £££

Restaurante con estrella Michelin de Clapham que brilla por su imaginativa cocina europea moderna y servicio intachable. En el piso de arriba, el Upstairs at Trinity es más informal y asequible.

Silk Road £

Un insólito pedacito de Xinjiang (noroeste de China) en Camberwell Church St. *Dumplings*, brochetas de cordero con comino y sustanciosas sopas de fideos en un entorno comunitario y modesto, todo a buen precio.

Restaurant Story £££

Hay que dedicarle algunas horas al teatro gastronómico del chef Tom Sellers cerca del Tower Bridge. Ofrece una degustación contemporánea, sin carta, de hasta 10 platos, siempre con alguna sorpresa.

Para aficionados al teatro

Tara Theatre

Concebido tras el asesinato de un niño sij por motivos raciales en Londres en 1977, este aclamado teatro de Wandsworth apuesta por el talento escénico del sur de Asia, con propuestas potentes que abordan temas sociales.

Dulwich Park.

Theatre Peckham

John Boyega (de *Star Wars*) empezó aquí, con una destacada programación orientada a favorecer talentos jóvenes e infrarrepresentados. Moderna sala de 200 butacas.

Bread & Roses Theatre

Innovador *pub*-teatro alternativo en Clapham con 60 butacas y una programación de lo más ecléctica. Y después de la función, copas en su sugerente terraza de abajo.

COLAB Tavern

Compañía especializada en teatro inmersivo en un antiguo *pub,* cerca de Elephant & Castle.

Mercados y garitos

Mercato Metropolitano

Interminable laberinto de puestos de comida y bebida donde antes hubo una fábrica de papel, cerca de Elephant & Castle; alberga también una cervecería y un club de *jazz* en el recinto.

Prince of Peckham

Una enorme señal de "Welcome to Peckham" atrae a los transeúntes de Queen's Rd hasta este llamativo *pub* propiedad de negros. Deliciosa comida caribeña, generosas *happy hours* y una clientela diversa y divertida.

Railway Tavern

Debajo de la estación de Tulse Hill hay un agradable garito de barrio con un gran patio ajardinado y un cartel ecléctico de eventos, como sesiones de DJ de *reggae* y soul, y concursos.

Pop Brixton

A la sombra del Brixton Village Market aguarda una moderna iniciativa comunitaria con puestos independientes de comida y bares, tiendas y demás, en un animado complejo de contenedores.

Maltby Street Market

Debajo de una arcada victoriana cerca del London Bridge, este mercado callejero de fin de semana gusta mucho a sibaritas y seguidores de tendencias, con sus comidas de todo tipo, desde *gyoza* y tapas españolas hasta caprichos de *pâtisserie*.

Pop Brixton.

East Street Market

Para disfrutar de un mercado poco turístico, hay que adentrarse a este emblemático y estrecho corredor de puestos de Walworth con frutas y verduras, artículos muy dispares y ropa principalmente africana. Ideal para encontrar gangas.

Tooting Market

Un incondicional de Tooting High St con más de 90 años en su haber, con vendedores de ámbito global. Se puede ir a comer y a buscar oportunidades o a tomarse unos cócteles de ginebra en una microdestilería.

Herne Hill Market

Se puede pasar la tarde de domingo en la principal atracción de Herne Hil. En la calle peatonal delante de la estación de Herne Hill hay artesanías, artículos *vintage* y picoteo *gourmet*.

Exposiciones culturales

Black Cultural Archives

Uno de los principales espacios del país donde se explica la experiencia de los británicos negros. En pleno Brixton, este centro del patrimonio nacional tiene un calendario rotativo de exposiciones esclarecedoras (y gratuitas).

Southwark Heritage Centre & Walworth Library

Novísimo y sofisticado centro (abierto en el 2021), próximo a la estación de Elephant & Castle, con exposiciones y piezas que ilustran la rica historia de la zona.

EXCURSIONES

PATRIMONIO | CULTURA | COMIDA

EXCURSIONES
Plan de viaje

IMPRESCINDIBLES Y JOYAS OCULTAS

A 1 h o menos de Londres aguardan fascinantes ciudades históricas como Oxford, Cambridge, Windsor o Canterbury, con dos de las universidades más antiguas del mundo anglófono, un castillo milenario y una catedral aún más antigua.

Información

Ideal para Historia, patrimonio, cultura y comida.

Cómo llegar Bien comunicadas desde Londres con trenes diarios directos.

Cómo desplazarse A pie o en bicicleta, pero el transporte local es bueno y económico.

Consejo Salir temprano y volver tarde para conseguir las mejores tarifas y maximizar el tiempo.

Dedicar unas horas al patrimonio literario de la ciudad en la **Wren Library** de la Universidad de Cambridge.
20 min a pie desde la estación de Cambridge

Salir en batea por **The Backs** para ver de cerca los prestigiosos *colleges* de Cambridge.
Las estaciones de bateas están a 30-40 min a pie de la estación de Cambridge

Indagar en los 1400 años de historia de la **catedral de Canterbury.**
10 min a pie desde la estación de Canterbury West

Pedalear por el **Windsor Great Park** y ver aves migratorias todo el año.
30-40 min en bicicleta desde el castillo de Windsor

Conocer la viticultura en **Chartham Vineyard,** en activo desde el s. XVIII.
20-30 min en bicicleta desde la catedral de Canterbury

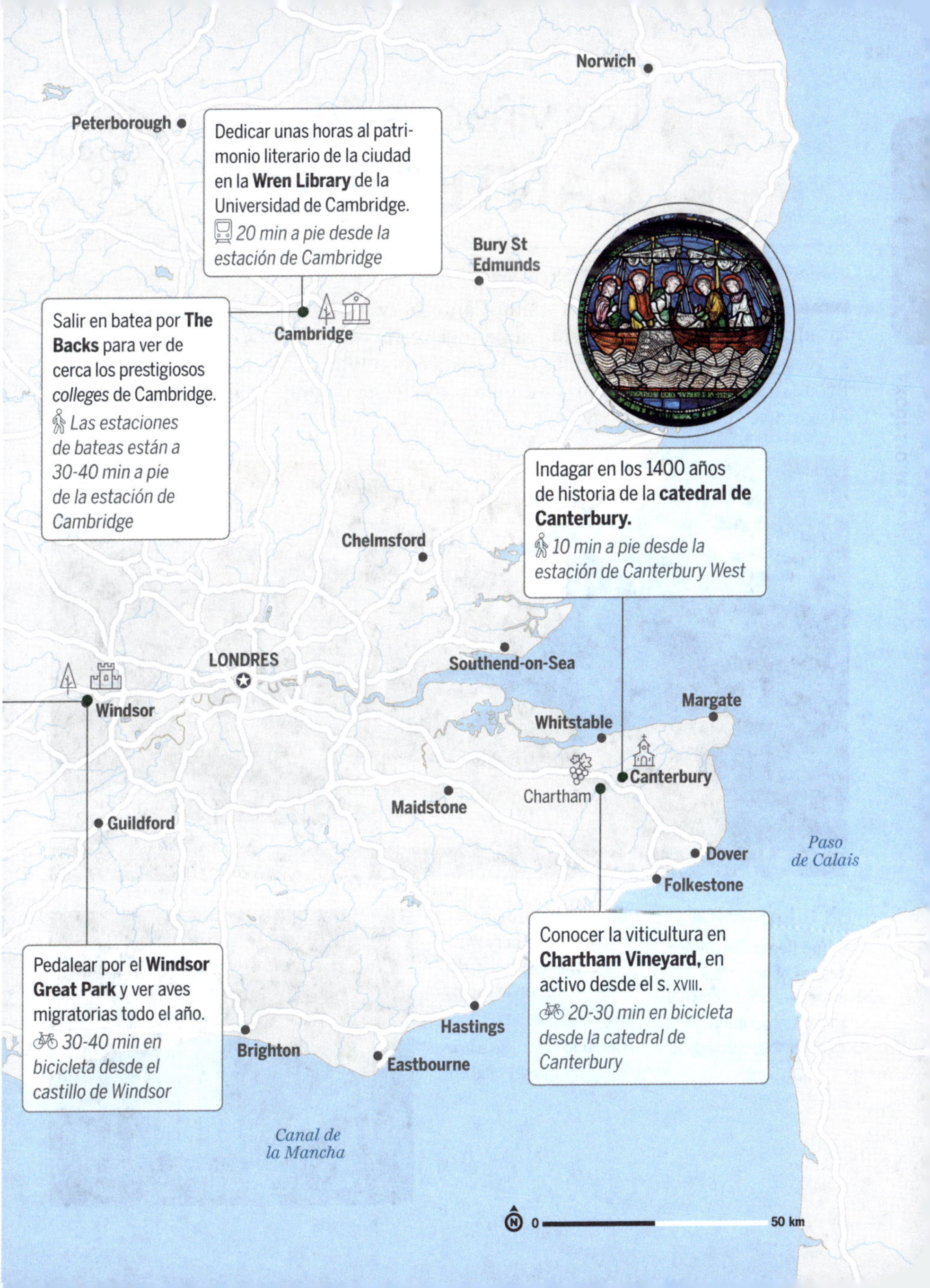

42 Los viñedos de CANTERBURY

HISTORIA I VIÑEDOS I CICLISMO

Razones no faltan para visitar Canterbury, en Kent: es la sede de la catedral de Canterbury, la primera de Inglaterra; está a menos de 30 min al volante de populares pueblos de la costa como Whitstable, Margate y Broadstairs; y no queda lejos en tren o en bicicleta de unos viñedos cuya historia se remonta al s. XIV.

JACOBS STOCK PHOTOGRAPHY LTD/GETTY IMAGES ©

Información

Cómo llegar Hay trenes desde Londres a las estaciones de Canterbury East o Canterbury West, ambas cerca de la catedral.

Cómo desplazarse En tren de Canterbury West a la cercana estación de Chartham, donde están los viñedos.

Consejo Hay misa diaria a las 7.30 (lu-vi) y las 9.15 (sa y do).

INSPIRED BY MAPS/SHUTTERSTOCK ©

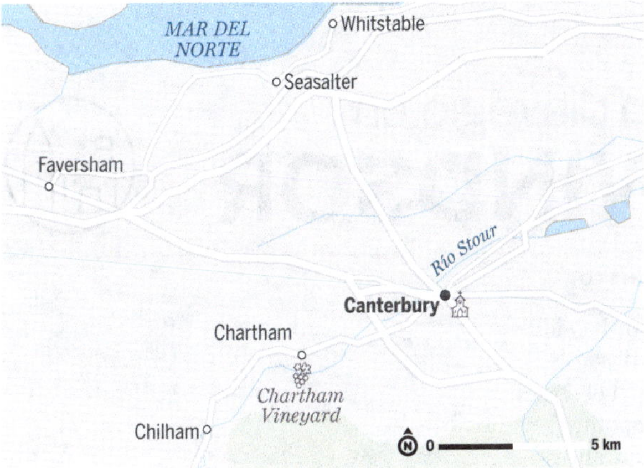

La primera catedral de Inglaterra En Canterbury no se puede pasar por alto su **catedral,** de 72 m de altura y 1400 años de antigüedad. También conocida como la "Inglaterra de piedra", tiene un magnífico porte gótico, jardines impresionantes y muchos objetos de relevancia histórica (pinturas, manuscritos, fotografías y archivos), todo lo cual le ha valido figurar en la lista de Patrimonio Mundial por la Unesco. Es uno de lugares más visitados del país, pero todo está bien organizado. En su web se pueden reservar las visitas guiadas.

Vinos ingleses Desde la catedral hay seis bucólicos kilómetros en bicicleta y sin tráfico junto al **río Stour** hasta Chartham y sus viñedos. La tradición viticultora de Kent se remonta al libro *Domesday*, donde esta actividad quedó registrada en un censo de Inglaterra y Gales ordenado por Guillermo el Conquistador. **Chartham Vineyard** tiene registros de hasta 1303 y edificios de hasta el s. XVIII. Un circuito guiado por los viñedos permite conocer la vitivinicultura tradicional y moderna de la zona. Se ofrecen visitas y catas a las 11.00 y 14.00 (solo sa) por 15 £, siempre previa reserva a través de su web.

Pág. anterior arriba: variedad de vinos. **Pág. anterior abajo:** interior de la catedral de Canterbury.

Los mejores vinos de Chartham Vineyard

Blanc de Blancs (2018) Espumoso delicado con notas de melocotón, cítricas y de fina capa elaborado con uvas 100% chardonnay recogidas a mano a finales de septiembre del 2018.

Pinot Noir (2018) Tinto sutil pero firme, sedoso y con cuerpo, con notas de cereza de Morello, elaborado con uvas 100% pinot noir recogidas a mano en octubre del 2018.

Bacchus (2019) Blanco floral y aromático elaborado con uvas 100% bacchus recogidas a mano en septiembre del 2019.

Pinot Gris (2019) Blanco seco de primera calidad de generoso sabor y con textura elaborado con uvas 100% pinot gris recogidas a mano en octubre del 2019.

Quizás algunas añadas que se prueben sean posteriores.

Recomendado por Roz y Richard Goodenough, *copropietarios de Chartham Vineyard, charthamvineyard.co.uk*

43 Un día regio en WINDSOR

CASTILLO | NATURALEZA | HISTORIA

El castillo de Windsor ha sido residencia de 39 monarcas desde Guillermo el Conquistador en el s. XI. La localidad en sí es cosmopolita, con fabulosas tiendas, restaurantes y cafés, además del castillo ocupado más antiguo y grande del mundo. La ceremonia del cambio de guardia es digna de ver.

Información

Cómo llegar Hay trenes diarios frecuentes desde las estaciones de Waterloo y Paddington en Londres hasta las estaciones de Windsor (30 min-1 h de viaje).

Cómo desplazarse Entre los lugares de interés, a pie, aunque también hay autobuses con paradas libres. El Windsor Great Park está 8 km al sur del castillo, a 30 m en autobús (menos en taxi).

Cuándo ir En cualquier época del año; los martes, jueves y sábados hay cambio de guardia.

La ceremonia del **cambio de guardia** seguramente es el mayor reclamo turístico de Windsor. Los guardias desfilan por el centro de la localidad, ataviados con sus mejores galas y acompañados por una banda de música, a partir de las 10.45 para llegar al castillo a las 11.00. El resto de la ceremonia sucede en el castillo, y hay que pagar entrada para verla.

Con una entrada se pueden visitar los apartamentos de Estado, las estancias para invitados *(semi-state rooms)* y la Waterloo Chamber, y ver la **casa de muñecas de la reina María de Teck,** obra del arquitecto británico sir Edwin Lutyens con la colaboración

Pág. siguiente arriba: la guardia real en Windsor. **Pág. siguiente abajo:** capilla de San Jorge.

NUT711/SHUTTERSTOCK ©

KIEV.VICTOR/SHUTTERSTOCK ©

Observación de aves en el Windsor Great Park

Ene-abr Zorzal real, martín pescador, zorzal alirrojo.

May-ago Mosquitero común, vencejo, cotorra de Kramer.

Sep-dic Jilguero europeo, busardo ratoneo, pico picapinos.

■ **Consejos de Flock Together**, *una cooperativa de observación de aves para personas de color, Instagram @flocktogether.world*

de más de 1500 artistas, artesanos y fabricantes. También se puede entrar en la **capilla de San Jorge,** donde descansan los restos mortales del rey Enrique VIII y su tercera esposa, Jane Seymour.

Desde el castillo se puede ir en autobús o taxi hasta el **Windsor Great Park.** Del parque merece destacarse el **Long Walk,** paseo emblemático por sus vistas del castillo de Windsor a lo lejos. Hay partes del parque que se pueden atravesar en bicicleta; está en la National Cycle Route Network 4. El resto se disfruta mejor a pie. El **Savill Garden,** el **Valley Gardens** y el **Virginia Water** son una delicia, y el **Queen Anne's Ride & Stag Meadow** es ideal para ir de pícnic. Otra opción es almorzar en el **Virginia Water Pavilion Café.**

El parque, con grandes zonas silvestres, es fabuloso para la **observación de aves;** no hay que olvidar los prismáticos.

44 Pistas culinarias de CAMBRIDGE

COMIDA I PATRIMONIO I CICLISMO

La oferta gastronómica de Cambridge permite llegar a puntos de interés por caminos menos transitados. La diversidad de la comunidad residente ha resultado en una amplia oferta de restaurantes imaginativos y de calidad.

NATHANIEL NOIR/ALAMY STOCK PHOTO ©

Información

Cómo llegar Hay trenes diarios frecuentes que comunican Londres con Cambridge desde las estaciones de Liverpool Street, St Pancras International y King's Cross. La duración media del viaje es de 1,15 h.

Cuándo ir Siempre hay mucho que ver y hacer.

Coste El billete de Londres a Cambridge cuesta desde 8 £ (ida). También se puede alquilar una bicicleta para todo el día en Rutland Cycling, en la estación de Cambridge.

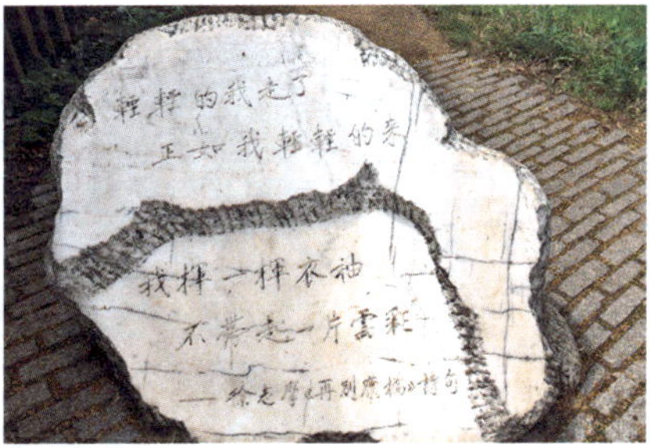

JOHN BRACEGIRDLE/ALAMY STOCK PHOTO ©

ROBERT EVANS/ALAMY STOCK PHOTO ©

Vivir como un estudiante y comer en el Bread & Meat ¿Quién mejor para mostrar la vida en la Universidad de Cambridge que un licenciado o un antiguo alumno? Se recomienda salir de visita guiada por los *colleges*, pasear por los jardines y alucinar con la longeva historia de la universidad. Después, hay que ir al **Bread & Meat** para una comida saludable (mayonesa casera incl.). Los bocadillos de carne asada con *poutine* (el plato canadiense de patatas fritas y queso granulado con *gravy*) es su especialidad.

A la caza de lo 'vintage' en Mill Rd Se puede pasar unas horas en esta calle, llena de tiendas independientes de artículos para el hogar, vinilos y ropa de segunda mano, todo *vintage*. Luego se cruza la localidad

Circuito en batea

Una buena opción es hacer un circuito en batea con pícnic con la Traditional Punting Company y brindar al pasar por el **Xu Zhimo Memorial Garden.** El famoso poeta chino estudió y vivió un temporada aquí. El primer y último verso de su poema "Second Farewell to Cambridge" están grabados en piedra en el jardín.

Arriba izda.: Pint Shop. **Arriba:** Xu Zhimo Memorial Garden, King's College. **Abajo izda.:** Sarah Key Books - The Haunted Bookshop.

hasta la azotea del **Varsity Hotel & Spa,** fundado por licenciados de Cambridge y con las mejores vistas de la ciudad. El **River Bar Steakhouse & Grill** del hotel, justo al lado, tiene una fabulosa carta de carne y pescado para cenar con vistas.

Salir en batea y tomar un té en Fitzbillies
Cambridge sin un paseo en batea es como el *fish* sin *chips*. Lo más típico es hacer una travesía por **The Backs.** Esta zona del centro se extiende por la parte de atrás de siete de los *colleges* más prestigiosos de la Universidad de Cambridge: Magdalene, St John's, Trinity, Trinity Hall, Clare, King's y Queen's. La zona es propiedad de los *colleges,* o sea, que a menos que se estudie en la universidad, esta es la única forma de acceder a ella. Se puede empezar en Mill

Pedalear y comer en el Guerilla Kitchen

La bicicleta es lo mejor para moverse por Cambridge; las alquilan en casi todas partes. Sígase la ruta ciclista desde el Midsummer Common por el río Cam hasta el pueblo de Waterbeach (10,5 km solo ida), un recorrido fácil y panorámico. Por el camino, búsquese el **Guerilla Kitchen Bao Bus** (guerillakitchen.co.uk), donde sirven bollos rellenos de panceta de cerdo, pollo y *halloumi*. Se recomienda encargar los *baos* en línea y recogerlos en el autobús, porque, en el más puro estilo guerrilla, nunca está estacionado en el mismo sitio.

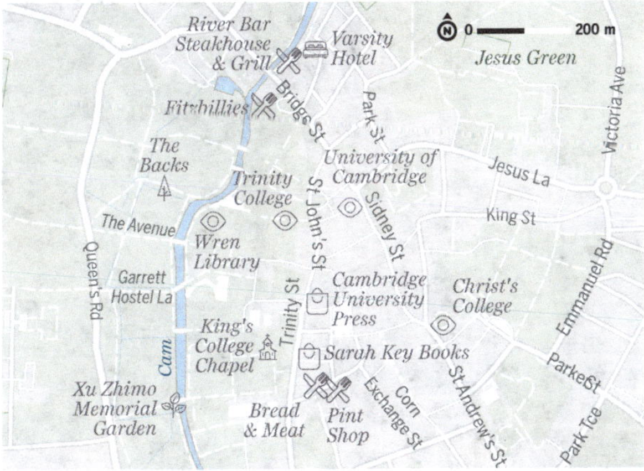

Lane y seguir por el río Cam, pasando por unas preciosas orillas verdes, bajos puentes medievales y los preciosos *colleges*. Un buen remate es un té y dulce en **Fitzbillies** (36 Bridge St), cerca de la estación de bateas de Magdalene Bridge. Este es el establecimiento más nuevo de la más que centenaria panadería (51-52 Trumpington St).

Pág. anterior: plaza del mercado e iglesia de St Mary. **Abajo:** bollitos del Chelsea en Fitzbillies.

45 Magia literaria en OXFORD

FANTASIA I LITERATURA I HISTORIA

Al pasear por las calles de Oxford es imposible no pensar en Harry Potter o en *Alicia en el país de las maravillas,* inmortalizados por su vínculo con el Christ Church College de la Universidad de Oxford. Un circuito por la ciudad aclara por qué Harry y Alicia siguen atrayendo a legiones de fans de todo el mundo.

EXPOSE/SHUTERSTOCK ©

Información

Cómo llegar Hay trenes diarios frecuentes entre las estaciones de Marylebone y Paddington, de Londres a Oxford. Se tarda entre 44 y 67 min.

Cuándo ir Oxford es preciosa todo el año. En julio se celebra el Alice's Day, una fiesta que homenajea a *Alicia en el país de las maravillas*.

Consejo La Bodleian Library y la Weston Library, ambas de la Universidad de Oxford, abren al público a diario.

SERG ZASTAVKIN/SHUTERSTOCK ©

Circuito guiado por el Christ Church College El **Great Hall** no ha dejado de utilizarse desde el s. XVI. Sus ricos detalles inspiraron la loca fiesta del té en *Alicia en el país de las maravillas* de Charles Dodgson, más conocido como Lewis Carroll, que vivió y trabajó 47 años en este *college*.

En la pared izquierda del salón se distingue la **ventana de Alicia,** en la que están representadas la Alicia real en la que se inspiró (Alice Liddell) y la Alicia de ficción, vestida de azul, justo debajo. Carroll está a la derecha, con el dodo que lo representa en la novela. Los retratos de Carroll y del padre de Alice, el capellán del Christ Church Henry Liddell, también cuelgan en el Great Hall.

La escalera abovedada que conduce al Great Hall aparece en las películas de Harry

TERESA DAPP/PICTURE ALLIANCE/GETTY IMAGES ©

En bote de remos hasta Binsey

Alicia en el país de las maravillas empezó como un cuento improvisado durante un trayecto en barca por el Támesis. En la barca iban Charles Dodgson (Lewis Carroll), el reverendo Duckworth y Alice Liddell y sus hermanas. Se puede alquilar un bote en el Folly Bridge y recrear este viaje hasta Binsey (2,4 km al noroeste de Oxford).

Arriba izda.: Great Hall, Christ Church College. **Arriba:** techo abovedado en la Bodley Tower. **Abajo izda:** ventana de Alicia en el Great Hall.

Potter como la entrada a Hogwarts; el Great Hall fue recreado en su totalidad en un estudio.

Las Bodleian Libraries y el dodo de Oxford Aun sin la fama que les haya dado Hollywood, estas **bibliotecas** de la Universidad de Oxford son de visita obligada. La principal es la **Bodleian Old Library,** que incluye la **Duke Humfrey's Library,** la biblioteca de Hogwarts en las películas de *Harry Potter*. La **Divinity School,** de rica arquitectura y construida originalmente como sala de exámenes, era la enfermería de Hogwarts. Ambas se pueden ver en circuitos a pie por las librerías.

Hay que visitar el **Oxford University Museum of Natural History** para ver el dodo de Oxford, que no solo sirvió de inspiración para el famoso personaje de la novela, sino que son los restos más completos de un dodo conocidos. El museo atesora otras colecciones destacables de paleontología,

The Perch

En Binsey se puede disfrutar de una comida británica de campo en la taberna The Perch. En este *pub* ribereño de 800 años, tan antiguo como la universidad, es donde Lewis Carroll hizo su primera lectura en público de *Alicia en el país de las maravillas*. Cuenta con un amplio jardín-terraza y el tejado es de paja. La comida es británica, tanto tradicional como moderna, e incluye platos veganos. La carta de cervezas y vinos es impresionante, con una buena selección de caldos ingleses. En las redes sociales del *pub* se anuncian las celebraciones por el Alice's Day en Oxford.

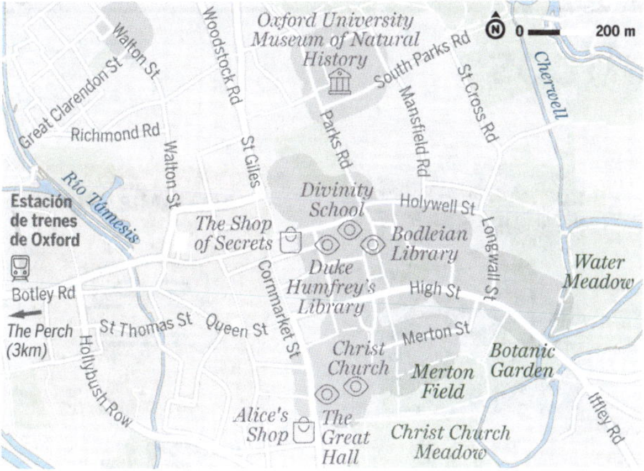

Pág. anterior: Oxford University Museum of Natural History. **Abajo:** una puerta de las Bodleian Libraries.

arte y arquitectura, y acoge eventos regulares. La entrada es gratis pero se recomienda reservarla con antelación.

Hay muchas puertas que atraen a los visitantes hasta Oxford. La principal de la **Bodleian Old Library** es de 1602 y lleva el escudo de armas de varios *colleges*. En la entrada a la **Weston Library** se puede leer la inscripción "Si bonus es intres, si nequam ne quaquam" ("Si eres bueno, entra. Si eres malvado, de ninguna manera"). La **Alice's Door** (que no está a la vista pública) comunica el jardín de la casa del capellán del Christ Church, donde vivió Alice Liddell, con el jardín de la catedral –una puerta que ella encontraría cerrada a cal y canto, como la de su homóloga en el país de las maravillas–.

De compras con Alicia y Harry La **Shop of Secrets** vende todo tipo de parafernalia relacionada con Harry Potter (varitas mágicas y copas del Torneo de los Tres incl.). **La Alice's Shop** está en un edificio del s. XV que inspiró las ilustraciones de la Old Sheep's Shop en la secuela de Lewis Carroll *Alicia a través del espejo*. Alice Liddell y sus hermanas vivían muy cerca de esta tienda victoriana de curiosidades. Diminuta, hoy vende recuerdos de *Alicia en el país de las maravillas* y sigue prácticamente intacta por fuera.

Datos prácticos

Dcha.: tienda en el Portobello Road Market (p. 160).

GRATEFUL DEAD
CONCERT
MADISON SQUARE GARDEN
NEW YORK CITY
OCTOBER 13-15-17-19
1994
ALICE IN CHAINS
CONCERT
LIVE AT THE CONCERT HALL
TORONTO, ONTARIO, CANADA
NOVEMBER 29
THE KINKS
PLUS SPECIAL GUEST STARS
SUNDAY EVENING, MAY 12
8PM, ROBERTSON GYM, UCSB
FLEETWOOD MAC
TUSK TOUR 1979
UNKNOWN PLEASURES
MOODY BLUES
Rolling Stones
FOREST HILLS MUSIC FESTIVAL
SARCASM
SERVED DAILY
20x30cm SIGNS
1x 1495
2x 2495
3x 3450
ABBEY ROAD
BAKER STREET
GET YOUR KICKS ON
ST JAMES' PARK NE1
NEWCASTLE UNITED FC
WHITE HART LANE N17
TOTTENHAM HOTSPUR
MIND THE GAP
LONDON
NO SMOKING
WAY OUT
the Notting Hill shopping bag.

DEL AEROPUERTO AL CENTRO DE LA CIUDAD

Casi todos los visitantes llegan a Londres en avión. Quienes lo hacen en vuelos de larga distancia o por negocios aterrizan en Heathrow o London City, más próximos al centro y ambos comunicados con la red de transporte urbano. En los de Southend, Gatwick, Luton y Stansted, que están a 40-65 km del centro, operan las aerolíneas de bajo coste como easyJet y Ryanair, con vuelos más cortos.

EN EL AEROPUERTO

Cajeros automáticos
Están vinculados a los sistemas bancarios importantes (Visa, Mastercard, Maestro, etc.); los hay en todos los aeropuertos y muchos dispensan euros y libras esterlinas.

Tarjetas SIM
Las venden en casi todos los aeropuertos, ya sea en un WHSmith, en máquinas expendedoras de SIM o en tiendas. Estas últimas abren hasta las 22.00, pero las máquinas funcionan las 24 h todos los días.

ALEXANDRE ROTENBERG/SHUTTERSTOCK ©

CAMBIO DE MONEDA En los aeropuertos hay oficina, pero en los bancos de la ciudad el cambio es mejor.

WI-FI Gratis y de fácil acceso en todos los aeropuertos.

PUNTOS DE RECARGA Existen en todos los aeropuertos menos en el de Southend, el más pequeño; a veces están incorporados a los asientos.

ADUANA

'Duty-free' Se puede entrar en el Reino Unido, a título personal, hasta 200 cigarrillos y 18 l de vino o 4 l de licor.

CÓMO LLEGAR AL CENTRO

Tren exprés Estos trenes van a todos los aeropuertos salvo el de City, que está cerca del centro y en la línea de Docklands Light Railway (DLR). Salen/llegan a las estaciones de Liverpool St, Victoria, King's Cross o Paddington, según el aeropuerto; el billete cuesta desde 9,70 £ ida.

Autobús Hay buses de National Express desde Stansted, Luton y Gatwick al centro de Londres desde 5 £. Llevan a importantes nudos de transporte como Stratford, London Victoria y King's Cross, con paradas de por medio.

Transporte público El aeropuerto de Heathrow está en la línea Piccadilly de metro, en la zona 6, y también está bien comunicado en autobús con el centro de Londres (5.00-0.00). El aeropuerto de London City está en la línea de tren DLR que va al centro urbano.

CUÁNTO CUESTA

10 £
por 3 km o 10 min de trayecto

1,55 £
para cualquier trayecto de autobús con un tope diario de **4,65 £**

6 £
De Heathrow al centro de Londres

Taxi Hay paradas señalizadas en todos los aeropuertos y se puede pagar con tarjeta. Las *app* de servicio de viajes compartidos y de taxis tienen zonas de recogida específicas.

Planificar la ruta Con la opción de transporte público de Google Maps se puede planificar la ruta a/desde el aeropuerto; la aplicación TfL Go es práctica para moverse con el transporte público de Londres.

Tarjeta Visitor Oyster La tarjeta Oyster sirve para pagar viajes individuales en todos los servicios del TfL y en otros especiales como el teleférico Emirates Air Line. Se puede comprar anticipadamente con tarjeta *contactless* y teléfono pero quizás comporte alguna comisión del banco. La tarjeta Oyster con saldo se puede comprar en el British Tourist Board (visitbritainshop.com) o en las estaciones de tren de los aeropuertos. Y se puede recargar en cualquier estación, máquina de expedición de billetes, tiendas locales y en línea, o a través de la aplicación TfL Oyster si se tiene una dirección en el Reino Unido.

OTROS PUNTOS DE ENTRADA

Eurostar Este tren de pasajeros de alta velocidad, que comunica la estación internacional de trenes de St Pancras de Londres con París, Bruselas, Ámsterdam y Marsella, es cada vez más popular. Los precios varían mucho, desde 46 £ ida en clase estándar a París hasta 276 £ ida por un billete flexible en clase *business*.

Combinación de barco y tren Un pasaje de ida de Dublín y Belfast a London Euston cuesta desde 50 £. El servicio lo facilita Transport for Wales (buytickets.tfwrail.wales). Stena Line ofrece algo similar desde la estación de Liverpool St de Londres hasta cualquier estación de Países Bajos, desde 49 £ ida a Ámsterdam con opción de camarote para el ferri nocturno.

Autobús Probablemente sea el medio de transporte más económico que tienen los visitantes extranjeros para llegar a Londres. National Express ofrece servicios desde Dublín, París, Ámsterdam y Bruselas hasta la estación de autobuses de Victoria, con billetes a partir de 10 £ ida. Euroline también tiene rutas desde toda Europa hasta Victoria, a partir de 36 £ ida desde París.

CONSEJOS PARA DESPLAZARSE

TfL

Transport for London gestiona el transporte público metropolitano y para planear los desplazamientos lo mejor es su web (www.tfl.gov.uk) y app (TfL Go).

METRO

Es la manera más fácil de desplazarse por la ciudad. Funciona de 5.30 a 0.30, y cinco líneas operan 24 h los viernes y sábados.

1,55 £ billete sencillo de autobús

FREE

Los niños de hasta 10 años viajan gratis

Wifi gratis en los trenes del Overground

A PIE

La mejor forma de explorar el centro histórico de Londres, lleno de atracciones clave próximas entre sí.

AUTOBÚS

La red de autobuses urbanos es muy extensa y eficiente, pero cuando hay mucho tráfico tal vez sea más rápido ir a pie. El billete sencillo de adulto cuesta 1,55 £.

THAMES CLIPPERS

Es uno de los medios de transporte más agradables de Londres. Estas embarcaciones surcan el Támesis y recalan cerca del Big Ben, el Shakespeare's Globe Theatre y el Tower Bridge, entre otros sitios emblemáticos. Los clípers navegan cada día entre Putney, al oeste, y Woolwich, al este, y abarcan tres zonas (oeste, centro y este). Un billete de un día con viajes ilimitados cuesta 18,40/9,20 £ por adulto/niño.

TAXIS

Los omnipresentes taxis negros circulan toda la noche y, aunque no son baratos, son icónicos. Se pueden parar en la calle o pedirlos a través de una app, como Gett y Freenow, las más populares.

Cada vez se utilizan más las app de transporte en vehículo compartido porque sale mucho más económico; Uber y Bolt son las más populares.

OVERGROUND & DLR

Las líneas del Docklands Light Railway (DLR) y del Overground conectan con el metro. Comunican el centro de Londres con zonas más alejadas, como Enfield al norte y Peckham al sur, o en el caso del DLR, con los Docklands.

BICICLETA

Santander Cycles es una manera ideal para desplazamientos cortos por el centro, y más ahora que se ha ampliado la red de carriles bici. Para alquilar una hay que descargarse la aplicación. No es obligatorio usar casco.

Pág. siguiente izda.: plano del metro de Londres.
Pág. siguiente dcha.: app de TfL Go y la Oyster Card.

ACCESIBILIDAD

En la red ferroviaria de Londres la accesibilidad es deficiente. Búsquense las señales con una silla de ruedas en color azul o blanco en los planos de cada estación. En azul significa acceso sin escalones desde la calle hasta el tren, y en blanco, acceso sin escalones solo hasta el andén; se puede pedir ayuda al personal para embarcar. En los autobuses hay un espacio reducido para sillas de ruedas y, en horas punta, quizás resulte difícil embarcar.

TRANSPORTE PÚBLICO: LO BÁSICO

Cómo orientarse por la caótica red ferroviaria de Londres.

Líneas Incluye el Underground (metro), el tren TfL, el Docklands Light Railway (DLR), el Overground, tranvías (solo en el sur de Londres) y el teleférico Emirates Air Line (que cruza el Támesis).

Colores y nombres Cada línea tiene su nombre y su color. En el centro, las más importantes son la Circle Line (amarilla) y la Central Line (roja).

Precios Las tarifas son absurdamente complejas y dependen de algunas variables: la forma de pago (efectivo, *contactless* o Oyster Card); el momento del día; las zonas por las que se viaja; y cuántos viajes se hacen. Se recomienda escribir los puntos de salida y de llegada en la web de TfL o la aplicación de TfL Go y dejar que calculen el precio. De tener previsto viajar mucho, lo más económico es cargar una *travelcard* diaria o semanal en una Oyster Card en las máquinas automáticas de una estación, quioscos de prensa, en línea o a través de la app Oyster.

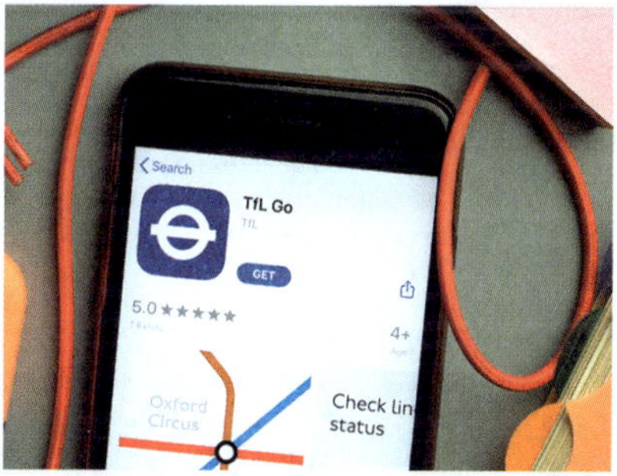

Oyster contra 'contactless' Las tarifas de prepago son iguales para una Oyster Card que para las opciones *contactless* (con tarjeta o teléfono). Pero, si la opción *contactless* es a través de un banco extranjero, entonces quizás se aplique una comisión y entonces sea mejor optar por una Visitors Oyster. También sale más barato descargar una travelcard en esa Oyster en lugar de hacerlo en la *travelcard* de papel.

Transbordos Se puede cambiar de línea en algunas estaciones grandes, como Liverpool St, Bank, Oxford Circus y King's Cross.

Planos y aplicaciones Hay planos de las líneas en cada estación, andén y tren. También se pueden descargar en PDF desde la web de TfL, o acceder a través de la app TfL Go.

ALOJAMIENTOS ÚNICOS Y LOCALES

En Londres el alojamiento es caro. Las opciones van desde acogedores B&B independientes alejados del centro hasta el glamur local de un lujoso aparthotel con servicio de habitaciones y conserje personal.

Encuentra alojamiento en línea

CUÁNTO CUESTA UNA NOCHE EN...

Albergue
desde 30 £

Hotel
desde 150 £

Aparthotel
desde 170 £

ALBERGUES

Cada vez hay menos en el centro porque los alquileres no paran de subir. No obstante, aún son la opción más económica, sobre todo si se viaja en solitario. Algunos tienen habitaciones familiares.

B&B

Aunque son una especie en extinción, donde hay más es fuera del centro. Son sitios modestos pero más acogedores y a precios razonables, normalmente con un buen desayuno.

HOTELES

El principal tipo de alojamiento que eligen los turistas tradicionales. Los hay por toda la ciudad, con los más caros por el centro y cerca del Támesis.

PISOS PRIVADOS DE ALQUILER Y AIRBNB

Cada vez hay más propietarios que alquilan su piso; hay mucha variedad pero no sale barato.

APARTHOTEL

Estos híbridos de apartamento y hotel suelen ser más sofisticados. Están en lugares envidiables y muy prácticos, con conserje y servicio de limpieza.

RESERVAS

Algunos hoteles independientes ofrecen mejores tarifas si se reserva directamente con ellos, pero, en la mayoría de los casos, las grandes plataformas ofrecen mejores precios. Verano (jul y ago) y Navidad y Año Nuevo son las épocas más concurridas.

Booking.com Portal muy popular que ofrece descuentos por fidelidad.

Hostelworld (hostelworld.com) Albergues económicos enfocados a mochileros y viajeros en solitario.

Luxury Serviced Apartments (luxuryservicedapartments.com) Fabulosa web para aparthoteles de lujo con servicio de habitación en barrios populares.

DONDE ALOJARSE SI SE BUSCA...

Historia, arquitectura y jardines secretos La City (p. 54) Historia y rascacielos impresionantes a solo unos pasos; muy tranquilo por la noche pero no económico.

Teatro, fiesta y compras El West End (p. 32) Caro pero emocionante. Mucho local de ocio nocturno e ideal para las compras compulsivas, pero poca tranquilidad.

↓ Parques, lujo y museos Kensington y Hyde Park (p. 90) Refinado y elegante con museos de prestigio, aunque con pocos alojamientos económicos; el centro queda a 25 min en transporte público.

Mercados, tiendas exclusivas y 'gastropubs' Notting Hill y el oeste de Londres (p. 156) El famoso mercado está aquí, igual que el Carnaval, pero cuesta encontrar alojamiento a precios razonables.

↗ Cultura, arte y mercados de alimentación South Bank (p. 74) Arte y teatro de talla mundial, con alojamientos asequibles apartados del río.

Bares, música en directo y compras Clerkenwell, Shoreditch y Spitalfields (p. 106) Muchos bares y restaurantes pero nada de paz ni tranquilidad. Muchos alojamientos y cerca de la City.

Cultura y mercados de barrio y alimentación Este de Londres (p. 120) Restaurantes innovadores con estrella Michelin y mucha cocina étnica, además de los mejores mercados de barrio y alojamientos a precios razonables, toda una sorpresa para estar cerca del centro.

Tiendas exclusivas, espacios verdes y gastronomía anatolia Hampstead y el norte de Londres (p. 138) Aquí está el célebre Heath que tanto gusta a la clase acomodada. Plácido y práctico pero caro y a 20-30 min del centro en transporte público.

Cultura local, comida y microcervecerías Brixton, Peckham y el sur de Londres (p. 172) Lugares interesantes y animados con ambiente muy de barrio; es lo más apartado del centro, con alojamientos más económicos.

Pág. anterior: Ritz Hotel. **Izda.:** Hampstead Heath (p. 146). **Arriba:** Carnicero en el Borough Market (p. 80).

PELIGROS, ADVERTENCIAS Y SEGURIDAD

Para su tamaño, Londres es segura, pero hay que usar el sentido común. Ha habido algunos atentados terroristas, pero el riesgo de verse afectado por un suceso así es remoto. No hay que quitar el ojo del bolso, cartera y teléfono en bares y locales nocturnos, y en el transporte público.

ASISTENCIA MÉDICA

Los ciudadanos de la UE pueden ser atendidos gratis en urgencias si presentan una Tarjeta Sanitaria Europea. Los acuerdos de reciprocidad con el Reino Unido permiten a ciudadanos de otros países recibir asistencia médica de urgencias gratis y atención dental subvencionada a través del National Health Service.

BARRIOS CONFLICTIVOS

Si son peligrosos es por algo; de ir a estas zonas, no hay que apartarse de las principales calles turísticas ni adentrarse en solitario por zonas que no se conozcan, y menos de noche.

CRUZAR LA CALLE

Al cruzar una calle no solo hay que mirar en la dirección correcta sino también los carriles bici que median entre la acera y la calzada.

WEI HUANG/SHUTTERSTOCK ©

FARMACIAS

Las hay por toda la ciudad; muchas abren siete días a la semana y algunas, 24 h.

TAXIS SIN LICENCIA

No hay que utilizarlos nunca; solo se deben tomar los taxis negros o los solicitados a través de una app verificada de taxis o viajes compartidos.

CONSEJOS PARA ADMINISTRAR EL DINERO

TARJETAS DE CRÉDITO Y DÉBITO

El pago *contactless* (tarjeta/teléfono) se ha visto acelerado por la pandemia del Covid-19, de modo que ahora hasta los tenderos de los mercados tienen datáfono. Las transacciones con tarjeta están sujetas a cargos adicionales para los titulares extranjeros. Visa y Mastercard son las más aceptadas, por encima de American Express y Diners Club.

CAMBIO DE MONEDA

Se recomienda cambiar en una oficina de correos de barrio porque no cobran comisión. También se puede hacer en bancos, algunas agencias de viajes y en oficinas de cambio de toda la ciudad.

CAJEROS AUTOMÁTICOS

En Londres abundan. Las comisiones por su uso varían mucho. En aeropuertos y estaciones de trenes internacionales, los cajeros también dispensan euros.

MONEDA

Libra esterlina

CUÁNTO CUESTA

Café
2,70 £

Pinta de cerveza
5,00 £

Cena para dos en un Gauchos
11,00 £
(bebida no incl.)

SOCIEDAD SIN DINERO EN EFECTIVO

La gente cada vez utiliza menos el efectivo en Londres. Hay servicios, como los taxis solicitados por app, que solo se pueden pagar con tarjeta. No obstante, la mayoría de los restaurantes, bares y servicios turísticos acepta el pago en metálico.

DIVIDIR LA CUENTA

A la mayoría de restaurantes no les importa dividir la cuenta para que cada cual pague lo suyo. Sin embargo, habría que decidir antes quién paga qué, a no ser que se pidan las cuentas separadas al principio.

PROPINAS

Los londinenses dan un 10-15% de propina en restaurantes. Algunos establecimientos aplican directamente a la cuenta un cargo por el servicio. En el resto de servicios, como taxis o bares, la propina es opcional.

DESCUENTOS Y AHORRO

Todos los puntos de interés, actividades y transportes ofrecen descuentos para estudiantes, jubilados, niños y familias. Además hay abonos para pagar menos en las principales atracciones. El más popular es el London Pass (desde 56/37 £ por adulto/niño).

VIAJE CON IMPACTO POSITIVO

Experiencias positivas, sostenibles y para sentirse bien.

ELEGIR LUGARES SOSTENIBLES

Comprar en tiendas éticas pioneras Karavan Eco, p. ej., defiende el comercio justo desde 1995 y es ideal para comprar calcetines y camisetas de bambú.
@karavan_eco

Teatro emisor neutral de carbono El Arcola Theatre, en Dalston, ha reducido las emisiones de carbono en un 25%, ha instalado placas solares, sirve cerveza de fabricación local y los martes cada uno paga lo que puede.
@arcolatheatre

Cartas que reducen residuos El St John en Smithfields aprovecha todas esas partes que los carniceros suelen desechar hoy (lengua, pies y huesos) para preparar platos suculentos.
@st.john.restaurant

Participar en un circuito Unseen (unseentours.org.uk) Esta empresa permite a personas que vivían en la calle ganarse la vida como guías por su ciudad.

Arriba: de voluntariado con GoodGym.
Pág. siguiente: bolsas en el Portobello Road Market (p. 160).

GOODGYM ©, OLESEA VETRILA/SHUTTERSTOCK ©

RESTITUCIÓN

Ponerse en forma y restituir con Goodgym (goodgym.org), donde se corre, camina o pedalea para una buena causa: ayudar a un ciudadano vulnerable, visitar a un anciano que vive solo o participar en un proyecto vecinal, y de paso mantenerse en forma.

Ofrecerse como voluntario en el Food Cycle (foodcycle.org.uk) y dar de comer a cientos de londinenses vulnerables al convertir los excedentes de alimentos en comidas saludables y nutritivas, y de paso generar sensación de comunidad.

Limpiar los canales de Londres con London Boaters y Moo Canoes (moocanoes.com). Navegar por estos preciosos cursos de agua urbanos en canoa y cambiar la basura vertida por regalos en actividades semanales y mensuales.

APOYAR LA ECONOMÍA LOCAL

Visitar mercados londinenses genuinos y comprar en los puestos de los vecinos.

Comida y compras de proximidad Comprar un bolso de piel artesanal en Paradise Row (paradiserowlondon.com) para ayudar a revivir la curtiduría del este de Londres; comer platos elaborados con ingredientes de proximidad en el Barge East Restaurant (@bargeeast).

Brindar por los cerveceros locales Beber en microcervecerías locales como la Crate Brewery (@cratebrewery) en Hackney y la Kernel Brewery (@thekernelbrewery) en Bermondsey.

APRENDER MÁS

Asistir a un festival y conocer a los británicos-bangladesíes en el Boishakhi Mela (pp. 9 y 23).

Visitar barrios étnicos de Londres como el norte anatolio, el sur afrocaribeño y el este bangladesí.

Documentarse sobre la historia de los residentes de Londres en instituciones poco conocidas como el Kobi Nazrul Centre (p. 129) y los Black Cultural Archives (p. 187).

CÓMO REDUCIR LA HUELLA

Comprar en tiendas de alimentación donde se pueda llevar el recipiente de casa.

Ir a las cafeterías con la taza propia.

Llevar siempre una bolsa reutilizable.

Andar o pedalear siempre que se pueda.

Comprar ropa y regalos en mercadillos y tiendas *vintage*.

EL CAMBIO CLIMÁTICO Y LOS VIAJES

Es imposible ignorar el impacto que se causa al viajar, y la importancia de emprender cambios. Lonely Planet insta a todos los viajeros a comprometerse con su huella de carbono. Hay muchas calculadoras en línea que permiten saber las emisiones de carbono generadas durante el viaje; una de ellas es resurgence.org/resources/carbon-calculator.html. Muchas aerolíneas y portales de reservas ofrecen la opción de compensar el impacto de las emisiones de gases de efecto invernadero con iniciativas respetuosas con el clima en todo el mundo. Lonely Planet sigue compensando la huella de carbono de todos sus colaboradores, aunque reconoce que eso solo mitiga el problema, no lo soluciona.

WEBS

handsonlondon.org.uk
wildlondon.org.uk
socialenterprise.org.uk
safh.org.uk
londonyouth.org

LO BÁSICO

CÓDIGOS POSTALES

Se sabe en dónde está un lugar en Londres por la letra que encabeza su código postal; E para este, S para sur, etc.

WIFI

Gratis en la mayoría de los cafés, bares y algunas calles.

DATOS BÁSICOS

Huso horario
GMT+0

Prefijo del país
44

Electricidad
230V/50Hz

INFORMACIÓN ÚTIL

Periódicos y revistas gratis como *Evening Standard*, *Metro* y *Time Out* incluyen una buena guía del ocio.

Los visitantes de EEUU pueden quedarse hasta seis meses sin visado.

La edad legal para comprar y beber alcohol es de 18 años.

En los mercados se puede regatear (excepto con la comida), pero en las tiendas, no.

En las escaleras mecánicas hay que colocarse a la derecha y avanzar por la izquierda

VIAJEROS CON DISCAPACIDADES

Los hoteles nuevos más grandes están mucho mejor adaptados que los antiguos; se recomienda reservar.

Transbordo en el transporte Comprobar antes de ir de una estación accesible de trenes o del metro a otra si se tiene que cambiar de línea.

La mayoría de las atracciones importantes, como el British Museum o el Tower Bridge, tienen una audioguía o un sistema de amplificación por bucle inductivo. Las guías en Braille escasean.

Las zonas de aparcamiento reservadas a visitantes que requieren de un acceso asistido están por todo Londres.

Los taxis negros están todos adaptados para sillas de ruedas y los nuevos, además, tienen bucles inductivos e intercomunicadores preparados para usuarios de audífonos.

Es más fácil acceder a los autobuses fuera de las horas punta. Todos tienen una rampa retráctil; los usuarios de sillas de ruedas viajan gratis y tienen prioridad sobre los carritos de bebé en los espacios reservados.

Los perros guía pueden entrar a todas partes.

Véase el portal de accesibilidad de Transport for London (tfl.gov.uk/transport-accessibility) para planificar los desplazamientos.

AccessAble (accessable.co.uk) es un portal excelente con información detallada sobre accesibilidad.

Descargar la guía gratis *Accessible Travel* de Lonely Planet en shop.lonelyplanet.com/products/accessible-travel-online-resources.

DISCULPAS
Los londinenses, como el resto de los británicos, se disculpan todo el tiempo. Es algo cultural.

SALUDOS
Estrechar la mano cuando se conoce a alguien por primera vez.

TABACO Y VAPEO
Prohibido en interiores y cerca de muchos edificios, pero hay zonas designadas para fumadores.

VIAJAR EN FAMILIA

Viajes gratis en autobuses y trenes para niños de hasta 10 años.

El espacio reservado para carritos es reducido en el transporte público; en horas punta algunos autobuses ni siquiera permiten subirlos.

Los cambiadores para bebés son más habituales en los cafés de cadenas grandes del centro.

Comer en familia es fácil en locales de cadenas como Nandos, Wagamama y Giraffe, que disponen de tronas y menús infantiles; también en algunos *pubs* de barrios más residenciales.

La entrada a las atracciones turísticas es bastante más barata para los niños.

PESOS Y MEDIDAS

El Reino Unido usa una mezcla entrañablemente confusa de los sistemas métrico e imperial.

LAVABOS

- La mayoría de los establecimientos de comidas y *pubs* permiten utilizar sus aseos; hay que preguntar.
- En algunas estaciones de trenes son de pago.
- Algunos cafés y restaurantes de cadena tienen una entrada codificada con códigos impresos en la cuenta.
- Aún hay lavabos públicos en algunos parques grandes.

MARIO GALAS/SHUTTERSTOCK ©

VIAJEROS LGTBIQ+

La intolerancia directa apenas se ve en Londres, sobre todo en el centro, aunque se dan casos en barrios más conservadores.

Los británicos siguen sin sentirse cómodos con las muestras de afecto en público, del tipo que sean.

El 'village' gay del Soho concentra el mayor número de establecimientos donde poder sentirse más cómodo.

Time Out London LGBT (timeout.com/london/lgbt) aún es uno de los mejores portales para guía del ocio LGTBIQ+ en la capital.

Índice

000 Páginas de planos

LONDRES ÍNDICE A-E

M

N

O

P

Q

R

S

000 Páginas de planos

DEMI PERERA

Demi nació en Sri Lanka y creció en Londres. Le encanta la energía y la diversidad de la ciudad, y explorarla a pie porque así se ven cosas que, de otra manera, pasarían desapercibidas.

@girl_travelsworld

Mi experiencia favorita Cenar en el Exmouth Market. Comer al fresco con amigos una tarde de verano y pasarnos horas hablando hasta las tantas.

QIN XIE

Qin Xie es una periodista y editora afincada en Londres, especializada en gastronomía y viajes. Cuando no viaja, le gusta conocer nuevos restaurantes en Londres, practicar surf de remo por el Támesis y ver espectáculos peculiares en teatros alternativos.

@qinxiesays

Mi experiencia favorita Asistir a un espectáculo por la noche en el Shakespeare's Globe. Ya conozco las historias, pero la experiencia es cada vez distinta.

THARIK HUSSAIN

Tharik, afincado en Londres, es autor del aclamado libro *Minarets in the Mountains; A Journey into Muslim Europe*, y sabe un par de cosas sobre el patrimonio musulmán y los viajes. También es autor de las guías *Thailand*, *Bahrain* y *Saudi Arabia* de Lonely Planet.

@tharik_hussain _tharikhussain

Mi experiencia favorita Pasar una relajada tarde de domingo en Brick Lane regalándome nuevos sabores y viendo antigüedades, tiendas *vintage* y cultura, para luego ir al Columbia Road Flower Market.

TRAVIS LEVIUS

Travis es un periodista multimedia y creador de contenidos nacido en Brooklyn pero que vive a caballo entre Atlanta y Londres. Dirige talleres sobre escritura de viajes *freelance* y ya ha esbozado un libro que va a tender puentes entre la autoayuda y los viajes.

@misterlevius

Mi experiencia favorita Observar la silueta de Londres al atardecer en el Frank's Café en Peckham, sidra en mano.

Nuestros autores

HANNAH AJALA

La británica-nigeriana Hannah comparte muchas de sus aventuras por la ciudad y el resto del mundo sobre todo en línea y a través de su trabajo como periodista internacional, desde sus viajes por África occidental a sentirse una londinense orgullosa. Actualmente produce y presenta *podcasts* para la BBC.

@hannah_ajala

Mi experiencia favorita Atravesar en el tren elevado mi variopinto y animado barrio de Hackney, lleno de tiendas y galerías efímeras, pero también de cocinas de cualquier continente.

LINDA KONDE

Linda es una periodista y editora sueca pero nacida en la República Democrática del Congo y que también residió en Los Ángeles. Le apasiona viajar, la cultura y la comida, y dirige VacayStories, un interesante blog sobre Londres, gastronomía y viajes.

@lyndakonde

Mi experiencia favorita Cenar en el Soho o en Shoreditch, disfrutar de una copa con amigos y de bonitas vistas, o pasar el rato en un parque un día cálido de verano.

MÁS AUTORES EN LA PÁGINA ANTERIOR

geoPlaneta
Av. Diagonal 662-664, 08034 Barcelona
viajeros@lonelyplanet.es
www.geoplaneta.com - www.lonelyplanet.es

Lonely Planet Global
Irlanda Digital Depot, Roe Lane (off Thomas St),
Digital Hub, Dublín D08 TCV4
www.lonelyplanet.com
Contacta con Lonely Planet en lonelyplanet.com/contact

Explora Londres
1ª edición en español – marzo del 2023
Traducción de *Experience London*, 1ª edición – junio del 2022
© Lonely Planet Global Limited

Editorial Planeta, S.A.
Con la autorización para la edición en español de Lonely Planet Global Ltd A.B.N. 36 005 607 983, Lonely Planet Global Limited, Digital Depot, Roe Lane (off Thomas St), Digital Hub, Dublín D08 TCV4, Irlanda

ISBN: 978-84-08-26402-6
Depósito legal: B. 12.585-2022
Impresión y encuadernación: Egedsa
Printed in Spain – Impreso en España